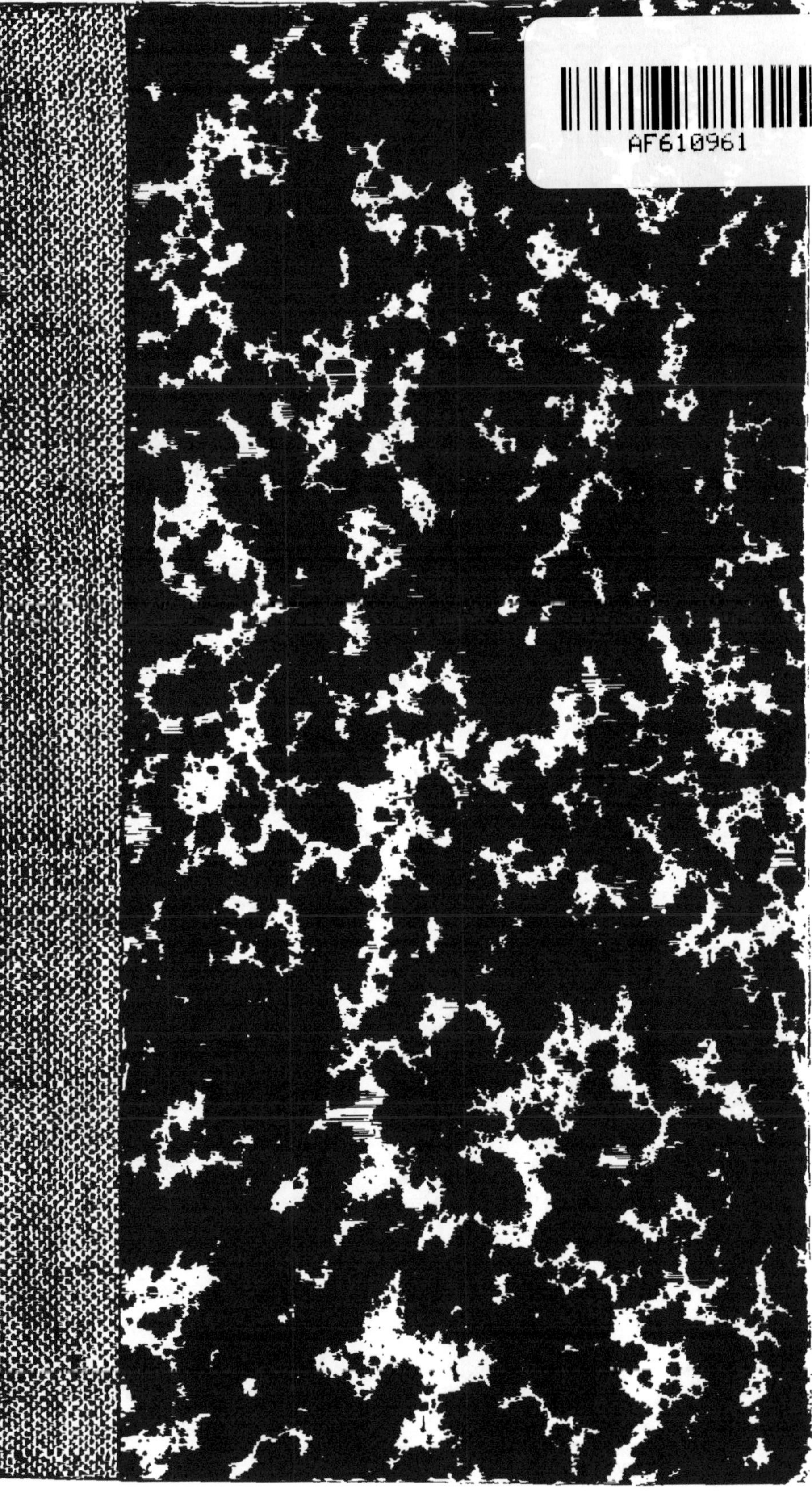

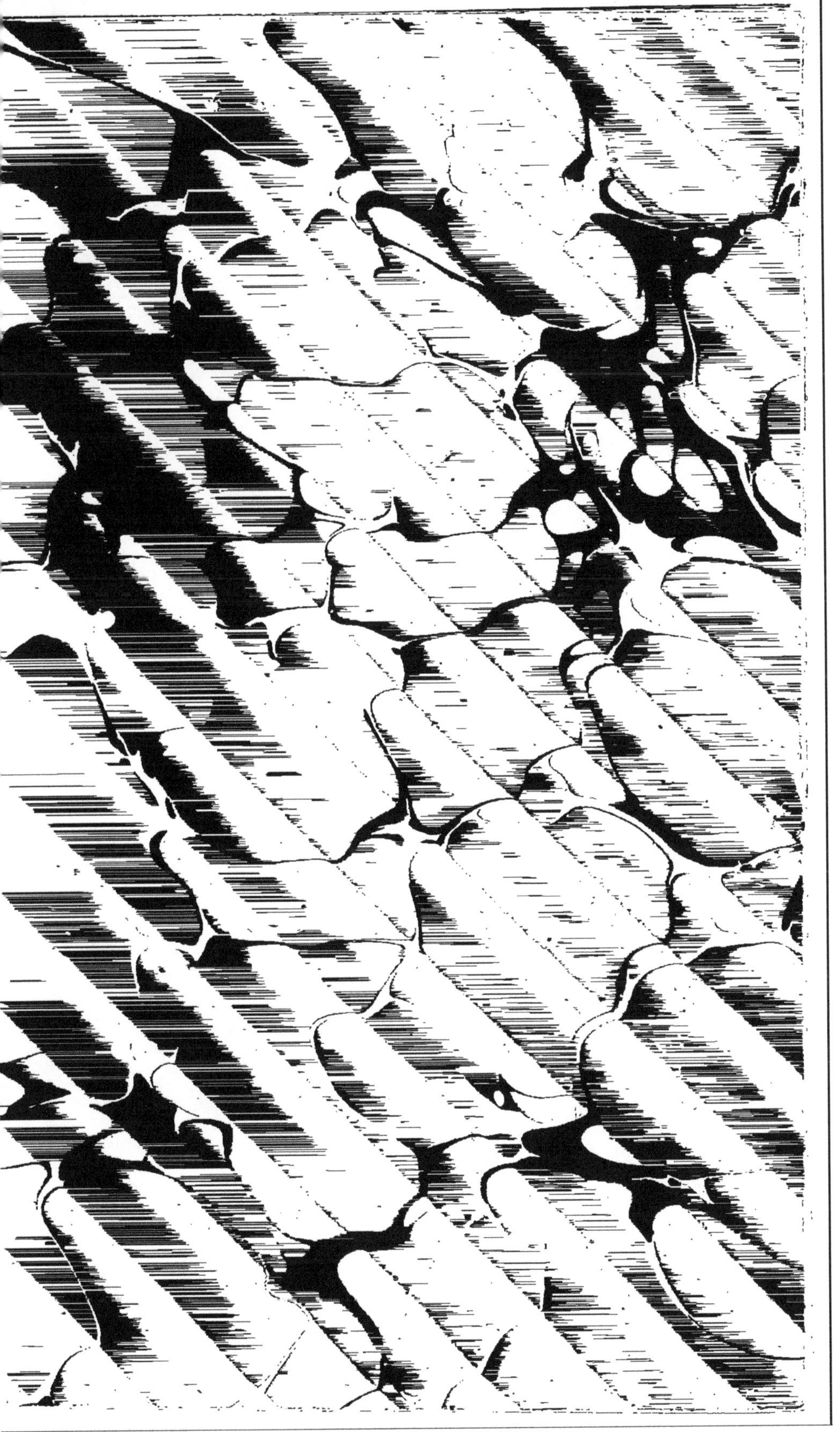

P. MANNE

DU

[illegible]OIS LILLO[illegible]

PAR

Louis VERMESSE.

« J'aime dans le patois la langue du pa[illegible]
» d'abord, et puis [illegible], la mère de no[illegible]
» langue policée. C'est, pour ainsi dire, [illegible]
» héritage abandonné, un champ qui ne [illegible]
» suffire plus, une vieille [illegible]
» au sort a été jeté. Nous qui n'avons [illegible]
» [illegible]ugés, nous remuons votre champ avec
» [illegible]eur et sans relâche. Ils ne se doutent pas,
» [illegible] les autres, qu'*un trésor est caché dedans.* »

E. GACHET,

(*Écho du Nord*, 27 juin 1856).

LILLE,
IMPRIMERIE A. BEHAGUE,
Rue Neuve, 10.

VOCABULAIRE

DU

PATOIS LILLOIS.

VOCABULAIRE

DU

PATOIS LILLOIS

PAR

Louis **VERMESSE**.

« J'aime dans le patois la langue du pays
» d'abord, et puis la source, la mère de notre
» langue policée. C'est, pour ainsi dire, un
» héritage abandonné, un champ qui ne se
» cultive plus, une vieille jachère sur laquelle
» un sort a été jeté. Nous qui n'avons pas de
» préjugés, nous remuons notre champ avec
» ardeur et sans relâche. Ils ne se doutent pas,
» les autres, qu'*un trésor est caché dedans.* »

E. GACHET,
(*Écho du Nord*, 27 juin 1856).

LILLE,
IMPRIMERIE A. BÉHAGUE,
Rue Neuve, 10.
1861

PRÉFACE.

A quoi bon, dira-t-on sans doute, écrire un vocabulaire du patois lillois, alors qu'il serait à désirer que tous les dialectes disparussent pour faire place à la langue unitaire, à cette belle langue française illustrée par nos grands écrivains. Certes, ce ne sont pas les habitants du Nord, pour qui notre vieux langage a des charmes particuliers, qui me feront un accueil aussi maussade; ce ne sont pas non plus les amateurs de linguistique; ce ne sera pas davantage le Comité chargé par le Gouvernement de rechercher les origines, les développements et les variations de notre langue primitive; ce ne sera pas enfin, vraisemblablement, l'Académie française, puisqu'elle a couronné JASMIN, grand poète, il est vrai, mais qui n'écrit qu'en patois.

Le patois du Nord, comme tous les autres, cessera probablement un jour d'être en usage, mais nous devons le dire, quelques personnes se sont trop hâtées, dans ces derniers temps, de proclamer son agonie, disons mieux, sa mort. Nous le trouvons, quant à nous, encore très-vivace, et ce qui le prouve, c'est qu'à aucune époque il n'a fait autant parler de lui que depuis quelques années. Les uns lui ont jeté la pierre, d'autres ont voulu le réhabiliter, d'autres aussi ont entrepris de le disséquer, pour voir s'il ne pourrait pas encore enrichir notre langue policée.

M. DESROUSSEAUX, dont les *Chansons et Pasquilles lilloises* sont devenues si populaires, frappé de l'hétérogénéité qui régnait dans l'orthographe des productions de son devancier BRULE-MAISON, lui a assigné quelques règles orthographiques et un petit vocabulaire pour servir de notes à ses ouvrages (1).

Après lui, M. Pierre LEGRAND a publié un Diction-

(1) *Chansons et Pasquilles lilloises*, 1er. vol. 1851; 2e. vol. 1855.

naire du patois de Lille, précédé d'un essai sur sa prononciation (1). Les écrivains de la presse lilloise s'en sont tous plus ou moins occupés, lorsqu'ils ont eu à rendre compte des productions locales. M. Emile GACHET, dans la *Presse belge*, journal de Bruxelles, lui a consacré un magnifique article qui a été reproduit par l'*Echo du Nord* (2); M. Albert DUPUIS, dont la plume fait autorité parmi nous, a reconnu, dans la *Revue du Nord* (3), que « notre
» patois ne manque ni d'énergie, ni d'originalité,
» ni même d'harmonie, ces grandes qualités poé-
» tiques des langues; qu'il est très-doux dans la
» bouche de quelques-uns de nos chanteurs, et plus
» accentué, plus sonore que le français; qu'il se
» plie avec facilité au récit, à la description, à la
» gaîté, au sentiment; qu'il a conservé toute sa
» verdeur, n'ayant point passé au crible des aca-
» démiciens, etc., etc... »

M. le docteur LE GLAY, le savant archiviste, en rendant compte, dans la *Revue du Nord*, du *Dictionnaire du patois de Lille*, par notre devancier M. Pierre LEGRAND, a dit: « Qu'est-ce que le patois?

---

(1) *Dictionnaire du Patois de Lille*, 1853.
(2) *Echo du Nord*, 27 juin 1856.
(3) Tome V, page 11.

» Le patois est-il soumis à des règles grammaticales
» et mérite-t-il qu'on lui consacre un dictionnaire?
» A ces questions que de bons esprits se seront
» faites, sans doute, en lisant le titre ci-dessus, la
» réponse est facile, selon nous. Il faut entendre,
» par ce mot patois le langage usité parmi le peuple
» et dérivé de l'idiôme que parlait la société toute
» entière, à une époque déjà ancienne. Les classes
» inférieures d'une population qui n'ont pas suivi
» le mouvement social toujours variable et perfec-
» tible, parlent aujourd'hui à peu près comme
» tout le monde parlait il y a trois cents ans... (1) »

Enfin, la Société des Sciences, de l'Agriculture et des Arts de Lille, a mis tout récemment au concours la question suivante :

« Indiquer, dans le dialecte du nord de la France,
» les mots, les expressions, les tours de phrase
» dont la perte serait regrettable. Les comparer aux
» mots, aux expressions, aux tours de phrase de
» la langue française qui s'en rapprochent le plus.
» Discuter la valeur des uns et des autres. »

Cette question d'un haut intérêt va faire entrer en lice de nombreux champions, mais nous croyons

(1) *Revue du Nord*, 1er. vol., page 264.

qu'elle sera difficilement mieux résolue qu'elle l'a été déjà par M. le docteur ESCALLIER, de Douai, dans ses remarques et ses lettres sur le patois, suivies d'un vocabulaire latin-français du XIVe siècle, et qui sont réunies dans un superbe volume de 650 pages, publié à Douai en 1856.

Ce qui se fait dans le Nord se fait également, pour d'autres dialectes, dans plusieurs départements et aussi en Belgique.

Partout on rencontre des savants qui, pour s'occuper sérieusement de l'étude des langues, vont puiser des renseignements précieux à leurs véritables sources, c'est-à-dire aux patois.

En ce moment même, le prince LOUIS-LUCIEN BONAPARTE, cousin germain de l'Empereur, s'occupe d'une grande entreprise de linguistique. Il fait imprimer, dans tous les idiômes vulgaires de l'Europe, l'évangile de Saint Mathieu, d'après la version française de M. LEMAISTRE DE SACY.

Si l'on ajoute à cela que la chanson patoise, telle qu'on la fait actuellement, sans quitter le cabaret et l'atelier, où elle est autant en honneur que les meilleures productions chantantes qui nous viennent de Paris, s'est introduite dans nos réunions de famille, dans les salons et dans les concerts; qu'elle a été interprêtée avec succès dans presque toutes les villes des départements du Nord et du Pas-de-Calais, par le chansonnier lillois le plus en vogue, on conviendra que ce vocabulaire ne sera pas un livre inutile, puisqu'il aura pour but d'expliquer le véritable sens des mots et des locutions vieillies, ainsi que les traits de mœurs locales que l'on trouve à profusion dans les œuvres de nos chansonniers populaires, et qu'il facilitera, en outre, les études dont nous avons parlé et qui sont une des préoccupations de notre époque.

A ce propos, pour éviter à nos savants des errements que n'ont pas toujours su éloigner certains de leurs confrères, notamment M. HÉCART, de Valenciennes, qui, dans son Dictionnaire *rouchi-français* (1), a défiguré, quant à l'orthographe, la plupart des mots lillois qu'il a admis, nous dirons que les chansons et pasquilles du trouvère BRULE-MAISON n'ont été imprimées de son temps que sur des feuilles volantes qu'il débitait lui-même sur les places publiques, et que, à l'exception de quelques-unes précieusement conservées dans le riche et curieux cabinet d'antiquités lilloises de M. GENTIL-DESCAMPS, elles sont toutes disparues depuis très-longtemps ; qu'il est notoire que

(1) Valenciennes, 1833, 3e. édit.

M. N.-D.-J. VANACKÈRE n'a recueilli qu'un très-petit nombre de ces feuilles pour éditer *les Etrennes Tourquennoises de* BRULE-MAISON *et autres*, et qu'il a écrit ces poésies populaires sous la dictée des vieillards qui les avaient plus ou moins bien conservées dans leur mémoire; que cet éditeur n'ayant pas, au préalable, adopté un système orthographique basé sur la prononciation locale, il s'en suit que cet ouvrage ne doit être consulté qu'avec la plus grande réserve et en se guidant pour l'orthographe sur les productions de nos chansonniers actuels qui, à quelques nuances près, ont tous adopté les règles tracées par M. DESROUSSEAUX.

Nous dirons cependant que sous ce titre : *Chansons et Histoires facétieuses et plaisantes*, M. ERN. VANACKÈRE a publié en 1856 une assez bonne édition des œuvres choisies de feu F. DE COTTIGNIES dit BRULE-MAISON. (1)

Elevé dans la classe de la société où ce langage est généralement en usage, je me suis attaché depuis longtemps à en recueillir les mots et les locutions qui lui sont particuliers. Puis voulant donner à mon livre un cachet quelque peu littéraire,

(1) Un volume précédé du portrait de l'auteur et d'une préface par M. EM. CHASLES, en vente à Lille chez M. L. QUARRÉ, libraire.

je me suis appliqué à consulter tous les ouvrages spéciaux, tels que : ROQUEFORT, *Dictionnaire de la langue romane;* ESCALLIER, *Remarques sur le patois;* HÉCART, *Dictionnaire rouchi-français ;* TRÉVOUX, *Dictionnaire français*, contenant le langage ancien; DUCANGE, FURETIÈRE, RICHELET, Pierre LEGRAND, Emile GACHET, etc...

J'ai surtout puisé de nombreux exemples dans les œuvres de BRULE-MAISON et dans celles de M. DESROUSSEAUX qui, comme l'a dit M. PIERRE LEGRAND dans la préface de son dictionnaire, « *a fait* » *école* et qui

...... « Le premier à Lille
» Dans le chant populaire introduisit le style,
» Assouplit notre accent sous de moins rudes lois
» Et réussit à rendre aimable le patois. »

J'ai aussi, comme il était juste, consulté les chansons de MM. QUESNAY, DANIS, Ch. DECOTTIGNIES, DEBUIRE, DELOBELLE, H. SIX et autres, et je les ai cités à l'occasion.

Pour répondre d'avance aux personnes qui nous feraient un reproche d'avoir adopté quelques mots qui appartiennent à l'argot, nous dirons : Bien que le langage argotique soit déjà ancien, puisqu'on prétend que sous LOUIS XI, François VILLON, le poète aventurier s'en est servi pour composer plusieurs pièces de vers, le patois qui nous occupe lui est bien antérieur. Donc, loin d'admettre que des mots d'argot se soient introduits dans le patois lillois, nous avons lieu d'affirmer, au contraire, que MM. les linguistes-voleurs, jouant un tour de leur métier, nous ont fait quelques *emprunts*. Celà est d'autant plus admissible que le vocabulaire argotique est resté longtemps inédit, qu'il a dû, plus que tout autre, subir de nombreuses modifications, et que le fameux Vidocq, étant d'Arras et ayant fait ses premiers exploits dans les villes du Nord, notamment à Douai et à Lille où il a habité maintes fois le *Petit-Hôtel* et la *Prison Saint-Pierre*, a bien pu contribuer à l'enrichir de quelques mots et expressions du patois du Nord.

Nous avons aussi admis des mots français, chaque fois qu'ils sont employés chez nous, dans une acception particulière. A plus forte raison avons-nous dû donner droit d'asile à ceux qui appartiennent aussi bien au français qu'au patois, comme *Arbonnoise*, par exemple, dont l'emploi n'est en usage que dans telle ou telle localité, et que l'on chercherait vainement dans les dictionnaires français.

Avant de terminer, nous citerons l'article suivant que nous extrayons du Dictionnaire de M. Hécart, et qui établit ce qu'il faut entendre par *Vocabulaire du Patois Lillois*, titre que nous avons adopté de préférence à celui de *Vocabulaire du Patois de Lille*, qui n'aurait eu, en effet, qu'une signification trop restreinte :

« Le patois wallon descend au picard en passant » par le wallon-belge, le rouchi, le lillois et le » cambrésien. Ces idiômes se confondent l'un avec » l'autre, de sorte qu'il serait bien difficile de leur » assigner des limites exactes, et de distinguer si » un mot doit son origine plutôt à l'un qu'à l'autre » de ces patois. On trouve dans le montois plu- » sieurs mots communs à ces idiômes, et souvent » il n'y a que la prononciation qui diffère.

» Le wallon se parle dans une partie du Brabant, » du pays de Liége ; le wallon-belge dans le Hai- » naut-belge et la lisière du Hainaut-français ; le » rouchi à Valenciennes, Maubeuge, Avesnes, » Landrecies, Le Quesnoy, Bavay, Saint-Amand, » Bouchain ; le cambrelot ou cambrésien se parle » dans le Cambresis et se confond avec le picard ; » *le lillois tient de tous ces dialecies : il est en usage* » *dans toute la Flandre française jusqu'à Bailleul* » *et une partie de la Lys.* »

Au demeurant, voici mon livre. Si je n'ai pas complètement atteint le but que je m'étais proposé, j'aurai du moins augmenté de beaucoup ce qui existe en laissant à de plus érudits le soin de compléter une œuvre que je reconnais volontiers être au-dessus de mes forces, quant aux données étymologiques.

Avril 1861.

VOCABULAIRE

DU PATOIS LILLOIS.

A

A. — Première lettre de l'alphabet, même son qu'en français.

ABBIETTE, *s. f.* — Petite abbaye. Notre rue de Tournai s'est longtemps appelée rue de l'*Abbiette;* les ouvriers lui ont conservé ce nom en dépit de la plaque officielle posée à chacune de ses entrées.

ABOULER, *v.* — Accourir. Dans certains jeux, pour avertir qu'il est temps de gagner *l'étaque* (Voir ce mot), on crie : *aboule! aboule!*

ACATER, *v. a.* — Acheter, du latin *acaptare.*

ACCLAMASSES, *s. f. pl.* — Acclamations. A Lille, on dit *esclamasses* pour exclamations.

> Veyant dins cheull' postur' cocasse
> L' restant d' Croqsoris qu' j'aimos tant,
> J'ai poussé eun' longue *esclamasse!...*
>
> **Desrousseaux.**
> (*Croqsoris.*)

ACCORD (Aller à l'). — Autrefois, l'église Saint-André avait un carillon qui n'était composé que de quatre cloches formant un accord parfait. De là, l'expression *aller à l'accord*, pour dire aller à la *ducasse*, la veille de son ouverture, au moment où elle est annoncée par le son des cloches.

ACHELLE, *s. f.* — Buffet, planche de cuisine où l'on pose les plats, les assiettes, etc.

Lorsqu'il y a de la brouille dans le ménage, on dit qu'il est *ju d' l'achelle.*

ACOUT. — Accueil. *Donner de l'acout*, c'est accueillir une plainte, une prière, une proposition. On l'emploie ordinairement par antiphrase. *Va-t-in vinde t'n acout*, dit-on à une personne dont la plainte n'a pas été accueillie.

ACOUTER, *v.* — Ecouter, du latin *auscultare.*

ADEVINER, *v.* — Deviner.

ADERCHER, ADRÉCHER, *v.* — Adresser, réussir, aller au but.

ADOLISER, *v.* — Affectionner, caliner quelqu'un.

AFFIQUET, *s. m.* — Petit instrument, généralemens en os, en usage chez les tricoteuses pour maintenir leurs aiguilles.

AFFLIGÉ, *subst.*, *adj.* — Blessé, qui a perdu l'usage d'un membre ou d'un sens.

AFFOLER, *v. a.* — Blessure légère qui nécessite la main pendante, ou habitude qu'ont des enfants de tenir ainsi la main, et qui leur vaut l'épithète de *patte affolée.*

AFFRONTER, *v.* — Tromper, et *adj.*, il s'emploie pour *effronté.*

AFFRONTEUR-SE, *s. m. et f.* — Qui trompe lâchement.

AFFUBLER (S'), *v. a.* — Se couvrir d'une manière ridicule, du lat. d'*affibulare*.

AFFUTIAU, *s. m.* — Objet de peu de valeur.

AGACHE, AGACE, *s. f.* — Pie, Ancien mot français.

On appelle l'excrément de la pie, ainsi que la gomme qui découle de certains arbres à fruit : *Bren-d'Agache*, *s. m.*

On donne encore ce nom avec celui de *Bren-d'Judas*, *s. m.*, aux taches rousses qu'on voit sur la figure de certaines personnes, et surtout celles qui ont la peau fine et blanche.

Les enfants appellent *Pied-d'Agache*, à cloche-pied, le jeu de la marelle.

Il y a à Lille, la rue des *Sept-Agaches*, de ce que dans cette rue il y a une enseigne représentant sept *Agaches* ou *Pies*.

Au figuré on dit d'une femme qui parle beaucoup qu'elle a une langue d'*Agache*.

AGÉS, *s. m. plur.* — *Connaître les agés*, l'intérieur d'une maison.

AGOBILES, *s. m. plur.* — Objets hors d'usage.

AGONIR, *v.* — Attaquer, accabler.

AGRIPPER, *v. a.* — Accrocher, agrafer, et au figuré tromper.

AGRIPPIN, *s. m.* — Crochet d'une agrafe, l'autre partie se nomme *Portelette*, de sa ressemblance avec une petite porte ronde.

« *Portelett'* ch'est l'femm' d'*Agrippin*. »

Desrousseaux.

(César Fiqueux.)

AGROUILLER, *v. a.* — Saisir, prendre.

Pourléquant le bachelette
I li pochot ses mains
L'*agrouillant* par se tiette.

Brûle-Maison.
(L'Amour parfumé.)

AHURIR. — Étourdir de paroles, hébété.

V'là tous les gins *ahuris*
De s'vir den l'égliche pris.

Brûle-Maison.
(Sermon naïf.)

AINSIN, *adv.* — Ainsi.

AIWILLE, *s. f.* — Aiguille.

AJOULIER, *v.* — Enjoliver, décorer.

ALFOS, *adv.* — Quelquefois, parfois.

ALGARADE, *s. f.* — Aventure.

Nous faut canter l'*algarade*
Arrivé à un Tourquennois.

Brûle-Maison.
(Le Tourquennois fraudeur.)

ALLER AVEC. — Correspond à faire l'amour.

ALLER SIN BON-HOMME DE QU'MIN, *loc. prov.* — Faire ses volontés, sans s'inquiéter de qui que se soit.

ALLOIR. *s. m.* — Petit chariot dans lequel on met les jeunes enfants pour les apprendre à *aller*, marcher.

ALOU, *s. f.* — Alouette.

AMANIÉRÉ, *adj.*—Adroit, qui a de la manière, faire une chose et une autre.

AMATIR, *v.* — Fatiguer. — *Matir*, *Mat*, ont la la même signification.

AMEUR, *s. f.* — Rumeur, émoi.

AMICLOTER, *v. a.* — Dodiner, soins affectueux qu'une mère donne à son enfant.

In *amiclotant* sin p'tit garchon.

Desrousseaux.

(L'Canchon dormoire.)

AMITEUX, AMITEUSE, *adj.* — Qui fait des amitiés, bon, hospitalier.

AMONITION, (Pain d'). — Pain de munition.

« C'est par corruption, dit Ménage, que le beau langage
» a fait de ces mots : *Pain de munition*. Ce que nous
» appelons aujourd'hui le patois était le bon français du
» XVIe. siècle.) **P. Legrand.**

(Dictionnaire du patois de Lille, 2e. édit.*)*

AMUSER (S'). *v.* — Perdre son temps, flaner.

AMUSETTE. — Garçon ou fille qui s'*amuse*.

ANBERQUIN, *s. m.* — Vilebrequin.

ANETTE, *s. f.* — Femelle du canard, du latin *anas*, *anatis*.

ANGELOTS, *s. m. plur.* — Ouvriers chargés du vidage des aqueducs.

ANGOUCHE, *s. f.* — Angoisse. Se dit pour la personne qui ressent la douleur et la douleur.

ANICROCHE, s. *m.* — Maladroit.

ANWILE, *s. f.* — Anguille. On va manger des *portions d'anwille*, au Jardin-du-Prévost, établissement du faubourg de la Barre, renommé pour la friture.

AOUT (Faire l').—Faire la moisson, et *Aoûteux*, *s. m.*, celui qui l'a fait, à cause de ce que la récolte se fait ordinairement dans le mois d'août.

ARBONNOISE.—Rivière qui a son embouchure avec la Deûle, un peu au-dessus des premières maisons du côté nord du faubourg de la Barre.

Depuis un certain nombre d'années, ces eaux si tranquilles sont sillonnées par une quantité de *barquettes* portant de joyeux Lillois qui exploitent ces charmants endroits.

Anciennement ces allées et venues n'avaient lieu qu'une fois l'année, à la fête des blanchisseurs : c'étaient alors de grands bateaux chargés de tout le personnel féminin des blanchisseries.

ARCHEL, *s. f.* — Branche d'osier. On se sert d'*archels* pour faire la *carcasse d'un dragon.*

ARLAND, *s. m.* — Trainard, lâche, maladroit,

ARLANDER, *v. n.* — Agir lentement.

ARRAGONNE, *s. m.* — Estragon.

> « Qu'importe, dit Ergaste, si je demande à mon jardi-
> » nier des *cabujettes* et de l'*arragone?* pourvu qu'il
> » m'apporte de la laitue pommée et de l'estragon. En
> » suis-je moins servi ? »
>
> **M. M..... (athon de Lille).**
>
> (*Prose et Vers*, Amst., M. DCC. LIX.

ARRIÈRE. —Dehors. *Ote cha arrière de t'poche.* Il s'emploie encore dans le sens de reculer : *En arrière.*

ARSIN, *subst.* — Incendie, embrasement.

ARTICHAUD, *s. m.* — Gâteau qui a la forme du légume de ce nom.

ASSIR, *v. n.*—Asseoir.

ATAU (Fêtes d'). — On nomme ainsi les quatre principales fêtes de l'année : Pâques, Pentecôte, Toussaint et Noël, et généralement un jour de grande fête.

ATOUT, *s. m.* — Recevoir ou donner un coup qui a un effet marqué. *Il a reçu s'n'atout*, il a reçu une blessure. — *Atout* se dit encore pour la carte gagnante, qui retourne.

ATTARGER (S'), *v. pr.*— Attarder, du vieux français *targier*.

ATTIQUANT, *s. m.* — Terme du jeu de *galoche* ou bouchon.

ATTIQUER, *v.* — Placer, attacher.

ATTRIAU, *s. m.* —Cou, gorge.

ATTUSÉ —ÉE, *adj.* — Application soutenue à un travail.

AUBADE, *s. f.* — Aventure bruyante ou sérénade.

AUMONDE, *s. f.* — Aumone.

> Faites l'*aumonde* à Thomas
> I dira que ma qu'il a. *(Dicton.)*

AVAINE, *s. f.* — Avoine.

AVALEUX DE VIN, *s. m. pl.*—Rouleurs de vin ainsi nommés de ce qu'autrefois ils avaient privilége de soutirer une quantité de vin sur chaque pièce.

AVARICIEUX— SE, *adj.* — Être avare.

AVISE, *s. f.* — Expédient, être habile.

AVISÉ — ÉE, *adj.* — Malin qui a des *avises*.

AVOIEMENT, *s. m.* — Actif d'une ferme.

AVULE, *s. m.* — Aveugle. On dit aussi *Mac-avùle*, *s. des deux genres*, a celui qui voit mal et plus souvent à celui dont les yeux sont chassieux, mais jamais à l'aveugle.

AWI, *part. aff.* — Oui

AZI, — Être brûlé légèrement.

B

B. — Sonne devant toutes les voyelles. Il se supprime quelquefois comme dans diable, obscure, diale, oscure etc.

BABACHE, *adj.* — Joufflu, mot enfantin lorsqu'il n'est pas précédé de l'adjectif.

BABENNE, *s. f.* — Bobine, au figuré lèvre. *Juer des babennes*, se dit pour manger.

BABENNER, *v.* — Bobiner.

BABENNEUX, *s. m.* — Ouvrier qui bobine.

Qui m'démolit min bras et m'main,
D'*babenner* i n'y a pu moyen.

L. Debuire (Du Buc).

(L'Marchand d'oches.)

Uue chanson patoise composée soi-disant par *Mazéquette l'babenneux*, sous le règne de Louis-Philippe, est restée célèbre dans les annales lilloises. Elle commence par ces mots:

On dit qu'alle a fait l'banse,
Qu'alle est imbarrassée....

BACATIAU.—Lieux d'aisances, commodités. On dit encore *Bassecampe*, *Privé*, *Quioire*, *Puriau* et *Cambre*.

BACHELETTE, *s. f.* — Jeune fille, ancien mot français.

BACTÉE, *s. f.* — Déchets de boucherie.

BADINE (Aller à la), *loc.* — En se tenant par le bras, bras dessus, bras dessous.

> « Nos ouvriers ne se promènent guere de cette façon
> » que les jours de fête, alors qu'ils n'ont qu'un but : le
> » plaisir. » **Desrousseaux.**

BADOULETS (Faire des). — Se rouler du haut en bas d'un talus.

BADOULETTE, *s. f.*— Grosse fille, toute ronde.

BAFFRER, *v.* — Manger.

BAHUT, *s. m.* — Coffre. Au figuré, maison de prostitution.

BAGOU, *s. m.* — Parler facilement et abondamment.

BAIE, *s. f.*— Jupe, du nom d'une étoffe de coton que l'on fabriquait à Lille au XVIIe siècle.

BAILLI, *s. m.* — Porteur de *billets de mort*.

BAJER, *v.* — Donner un baiser, embrasser.

BAJOTER, *v.* —Baisoter.

BALEINE, *s. f.* — Gène, le commerce est à l'*baleine*, lorsqu'il ne va pas.

BALLE (Passer la), *loc. prov.* — Accorder la parole.

Comm' chacun d'eusse avot dit l'sienne,
On *pass' la balle* au père Etienne.

Desrousseaux.
(Marie-Claire.)

BALLON (Avoir l'). — Être enceinte. On donne aussi le nom de *Ballon*, *s. m.*, à une pelotte de sucre.

BALOCHER, BALENCHER, *v.* — Balancer.

BALOCHOIRE, *s. f.* — Balançoire.

On les veyot sus l'*balochoire*
Hardis tous les deux comme un lion.

Desrousseaux.
(Histoire de P'tit-Price.)

BALOT, *s. m.* — Haut de cheminée.

BALOU, *s. m.* — Bêta, au *f. balousse.*

Ah! ah! de ch'grand *balou*
Rions, m's'amis, rions tertous!

Desrousseaux.
(Jacquo l'Balou.)

BALOUFFE, *s. f.* — Joue plate et large.

BANBOCHES (Faire des). — Mener joyeuse vie.

BAN-CLOCHE. — La cloche des bans, la cloche du beffroi. On la sonnait ainsi que l'*écalette* pour assembler les bourgeois afin de venger une insulte faite à un de leur concitoyen. Ils marchaient avec les Prévot, Rewart, et Echevins vers la maison de l'accusé. On le sommait de venir se soumettre, ne le faisant pas on mettait le feu à ses propriétés. C'est ce qu'on appelait autrefois *droit d'arsin.*

BANCROCHE, *s. m.* — Boîteux.

« On appelle un boîteux un *ban-croche*, comparant sa » démarche au mouvement de la ban-cloche. »

Escallier.

(Remarques sur le patois.)

BANSE, *s. f.* — Pannier en osier servant à emballer des marchandises, à mettre des légumes, fruits, etc.

BANSE (Faire la). — Mener une vie déréglée.

BANSELIER, *s. m.*—Ouvrier qui fait des *banses*.

BAQUET, *s. m.*—Bateau plat servant au curage des canaux.

BARBÈTE (Frère à).

« On donne ce nom aux Frères de la Doctrine chrétienne, » autrement dit : *Frères ignorantins*, qu'on regarde » comme étant les enfants perdus des jésuites. »

Hécart.

(Dictionnaire rouchi-français, 3e. édit.)

BARON, *s. m.*, BARONNESSE, *s. f.* — Maître et maîtresse de la maison.

BAROU, *s. m.* — Tombereau à trois roues.

BARQUETTE, *s. f.* — Petite barque à rames, connue des Lillois. On fait des parties de *barquettes à l'Arbonnoise* et au *Grand-Tournant*, on la loue six sous l'heure moyennant un gage qui en assure le retour.

BASAINNER, *v. n.* — Balancer, osciller.

BASSER, *v. a.* — Laver, humecter une plaie.

BAUDÉ, *s. m.*— Ane, au figuré ignorant comme en français. On appelle encore *baudé*, un hache-paille, avec lequel on fait du *copage*.

BATILLER, *v. n.* — Se battre.

BAUDEQUIN, *s. m.* — Petite nacelle.

BÉARD, *adj.* — Voir *Beyer*.

BÉDAINE, *s. f.* — Gros ventre.

Des monsieurs à gross's *bedaines*
Vett'nt les femmes in s'tortinnant.

Ch. Decottignies.
(La rue Esquermoise,)

BEC-BOS, *s. adj.* — Bec-bois, pic, oiseau.

On nomme également *bec-bos* un jeu qui consiste en un oiseau de bois, suspendu à une corde, dont le bec est une pointe de fer, que l'on lance vers un but.

BÉDOULE, *s. f.* — Boue liquide.

Et y s'a fouré d'ven l'trau
Au mitant de l'*bedoule*.

Brûle-Maison.
(Chanson villageoise.)

BÉGARD, *s. m.* — Qui bégaye.

BEGUIN, *s. m.* — Coiffe de femme, généralement portée par les *Béguines*, d'où est venu *béguinage*, établissement qu'elles occupaient rue Princesse avant leur suppression, aujourd'hui servant à l'Entrepôt.

BEIGNAU (Jeu de). — En usage dans le pays.

BELLE (La). — Dans nos contrées on désigne la lune sous ce nom.

BÉNACHE, *adj.* — Bien aise.

Quand j'vo tout cha j'sus *bénache*
D'ête d'min pays.

Ed. Q.

(L'Antiquaire Lillois.)

BÉOTTE, *s. f.* — Petite cabane.

BERDAINE (Courir). Aller à l'amour.

BERDELACHES, *s. m. plur.* — Objets de peu de valeur, bagatelles.

BERDOUF. — Exclamation poussée lorsqu'un objet tombe.

BERDOUIL-LE, *s. m. et f.* — Qui bredouille, qui parle mal, qui déraisonne.

BERDOUILLER, *v.* — Bredouiller.

BERLEAU, *s. m.* — Se dit de mauvais liquide et particulièrement du café.

BERLIÈRE, *s. f.* — Lambeau.

BERLOU, *adj. et s. m.*—Strabique, qui a la vue de travers. Au *fém. berlouque.*

BERNATIER, *s. m.* — Vidangeur. On dit aussi *berneux.*

Ch'est qu'un verra qu'tous les *berneux*
Vont bourler dins la crotte.

L. Debuire.

(La Vidange à la mécanique.)

BERSILE, *s. f.* —Soupe maigre, panade.

BERTINE, *nom pr.* — Pour Albertine.

BERTONNER, *v. n.* — Grommeler, murmurer.

BERTONNEUX-SE. — Qui *bertonne.*

BEYER, *v.* — Regarder attentivement, de *béer*.

Va, te les *beyra* tout ten so
Quand nous serons en ménage.

Brûle-Maison.
(Neuvième recueil.)

BIAU, *adj.* — Beau, et *bielle*, belle.

BIBLOT. — Langage. *Prendre sin biblot*, être congédier. Au figuré mot obscène.

BIC-BAC, *s. m.*—Trébuchet ou engin, balancer.

BILLET DE MORT, *s. m.* — Lettre mortuaire servant d'invitation aux funérailles.

BILLET DU ROI, *s. m.*

« Dans les habitudes lilloises, la fève ne paraît pas avoir » servi à désigner le Roi, au repas de l'Epiphanie; on a » de tout temps distribué aux convives des billets, dits » *billets de roi.* » **P. Legrand.**

(Dictionnaire du patois de Lille.)

V'là des billets du roi! Tel est le cri qui, à partir du quatre janvier, font entendre de nombreux gamins, en offrant à chaque passant ces pauvres billets qui ont toujours la même livrée : c'est-à-dire la misère et la popularité ; c'est toujours le même *vélin*, gris de paille ; les mêmes images qui semblent sorties des mains de l'inventeur de l'imprimerie, Laurent Coster, et ont cela de moins, l'antiquité. Toujours les mêmes caractères, qui fait que l'impression semble être faite avec des clous; la littérature en est aussi neuve que les caractères, aussi suave que les plus médiocres passages de Vadé ; en un mot ces vers bachiques sont parfaitement agencés de l'air excitant du *mirliton*. Le refrain invariable est:

J'ai du mirliton,
Va-t-en plus long,
Vas-y ti même,
J'ai du mirliton,
Ton, ton.

Ces billets offrent seize vignettes représentant chacune une dignité, une profession personnifiée. Quatre vers accompagnent chaque billet, et tout convive est tenu de chanter sur l'air susdit, ceux que le sort lui a échus. Il y a dans ces vers beaucoup de sens à défaut de sel.

Molière lui-même n'aurait-il pas été désarmé devant l'ordonnance que chante le médecin :

Pour avoir votre pratique,
J'ordonne aujourd'hui du vin,
Qui fait passer la colique,
Le souci et le chagrin.

Malheur au convive distrait qui oublierait de saluer par le vivat obligé, de *Ro-bot!* (*Roi-boit!*) chaque rasade du fortuné monarque. Uu bouchon brûlé à la main, le *Fou* chante en riant son terrifiant quatrain :

Quand le roi commence à boire,
Si quelqu'un ne disait mot,
Sa face serait plus noire
Que le cul de notre pot.

Et il réaliserait la menace avec une impitoyable exactitude. Cette manière de tirer les *Rois* est encore en usage dans quelques maisons d'où les dieux pénates ont de la peine à s'exiler.

Autrefois quand d'abondantes libations avaient convenablement célébré l'intronisation du *Roi de la table*, on se séparait pour se réunir de nouveau le jour du *Parjuré* qu'on, nomme aussi jour des *Rois brousés*, de ce que le *Fou* à le privilége de noircir la figure du *Roi* et de celui qui ne crie pas *Ro-bot!*

BIRLOUET, *s. m.* — Tourniquet servant à clore faiblement et aux jeux de hazard.

BISE (Vent de). — Vent du nord-est. Au figuré *jeter au bis*, jeter au vent.

BISER, *v. n.* — Lancer au loin.

BISET, *s. m.* — Pigeon noirâtre.

BISQUER, *v. n.* — Être vexé.

BISTOCACHE, *s. m.* — Cadeau de fête, de noces, etc.

> A Cath'rine, qui s'délamintot,
> J'moute l'*bistocache* que d'zous min bras j'tenos,
> Digeant : Est-ch' comm' cha que vous r'merciez
> Les gins qui vienn' vous *bistoquer*.
>
> **Desrousseaux.**

BISTOQUER, *v. n.* — Faire un présent.

BLAGUEUR, *sub. adj.* —Menteur, qui exagère. On dit aussi *Blagueux*.

BLAME, *s. m.* — On désignait sous ce nom l'exposition qui se faisait des condamnés.

BLANC-BONNET. — (Voir *Capiau*).

BLASÉ, *adj. sub.* — Buveur d'eau-de-vie.

> On t'appelle eau de vie,
> Je te nomme eau de mort.
>
> **Brûle-Maison.**
>
> *(Complainte que font aujourd'hui les blasés de Lille.)*

BLETTES (Poires). — Poires froissées.

BLEUETS, *s. m. p.* — Orphelins ainsi nommés de ce que leurs vêtements sont de couleur bleue. On appelle *bleuet*, *s. m.*, une grosse mouche bleue.

BLEUSE, *s. f.*— Mensonge. *Conter des bleuses*, dire des choses qui ne sont pas exactes. *Couleur* a la même signification. On dit plus souvent *Coule* qui en est une abréviation.

BLEU-TOT. — Bleu toit, l'hospice général, allusion à la couleur des ardoises qui le couvrent.

« L'bleu tôt n'est mi fait pou les quiens. »

(Dicton.)

BLEUZE-VUE, *s. f.* — Pour voir bleu, être étourdi, avoir mal vu.

BLO (Porter à). — Porter sur le dos.

BLOUZER, *v.* — Se tromper; *subst.* tromper quelqu'un.

BONFIEUX, *s. m. p.* — Religieux qui avaient autrefois la garde des aliénés.

BONNE FRITURE. — Établissement situé au pont de Canteleu. C'est le rendez-vous des promeneurs en barquettes sur la rivière du *Grand-Tournant*, c'est là où ils relachent pour prendre un petit *confortatif*.

BONNI (Avoir). — Être créancier.

BONNIER, *s. m.* — Mesure agraire encore en usage parmi le peuple, de 1 hectare 41 ares 76 c.

BONNIQUET, *s. m.* — Coiffe de femme, synonyme de bonnet.

> L'moucho d'Cath'rine et l'*bonniquet*
> Tout l'nuit m'ont servi d'orillier.
>
> **Desrousseaux.**

BOQUETTE. — Blé sarrazin ou noir. C'est avec la farine de *boquette*, que l'on fait les *couque-baque*.

BORNIBUS, *s. m.* — Être borgne.

BOTEUX, *adj.* — Boiteux.

BOUBOU (Faire). — Faire banqueroute.

BOUCAN, *s. m.* — Tintamarre, faire tapage.

BOUDINE, BOUDINETTE, *s. f.* — Nombril, ancien mot français. On dit aussi en patois *boudène*.

BOUGON, *s. m.* — Qui *bougonne*.

BOUGONNER, *v. n.* — Gronder, murmurer.

BOUGRON. — Oiseau de la famille des sizerains.

> Des rouch' *bougrons* ou des compèr' loriots.
>
> **L. Debuire.**
> *(Les Lilloises.)*

BOUJON, *s. m.* — Échelon, traverse de pieds de chaise.

BOULLANT, *adj* — Mouvant, remuant. On dit être un *sang boullant*.

BOURLER, *v. n.* — Tomber en roulant, jouer à la boule, et *Bourleux*, *s. m.*, celui qui joue.

BOURLER-COURT. — Insuffisamment.

BOURLET. *s. m.* — Chapeau d'enfant, très en usage à Lille, pour les empêcher de se faire mal à la tête lorsqu'ils *bourlent* (tombent).

BOURLETTE, *s. f.* — Boule de viande hachée.

BOURSIAU, *s. m.* — Bosse que l'on se fait à la tête, effet d'un coup.

BOUT DE CHAMP (A tout). — Continuellement, à chaque instant.

BOUTER, *v. a.* — Mettre, jeter, heurter. Ce mot se trouve dans *Roisin*.

Dans sen vinte y *boute* s'main
Et cafouille dans les tripettes.

Brûle-Maison.

(Le Tourquennois qui a ouvert le ventre de son chat.)

BOUVAQUE, *s. f.* — Endroit ou l'on abat les chevaux.

BRADER, *v. a.* — Gâter, ôter de son prix ou de sa valeur à une chose en la dégradant. Dans notre ville, comme chacun le sait, il se fait le premier lundi de septembre une vente qu'on appelle l'*Braderie*, *s. f.*, parce que l'on donne ce jour-là ou plutôt l'on vend des objets plus ou moins *bradés*.

Le vrai Lillois aime la *Braderie*, et gémit de voir cette coutume, cette fête s'amoindrir chaque année. Si elle n'existe plus que dans le souvenir des Lillois, du moins ils en ont la représentation fidèle dans le tableau que nous a laissé Watteau, et la description exacte dans la chanson intitulée : *La Braderie*, de notre spirituel chansonnier musicien Desrousseaux.

BRADEUX - EUSSE. — Qui *brade*.

BRAFE, *s. m.* — Propre, bien mis et courageux.

BRAGUETTE, *s. f.* — Brayette, fente du devant des anciennes culottes nommées *Braies*.

BRAIRE, *v. n.* — Du bas latin *briare*, signifie pleurer, gémir, lamenter. Il s'applique indistinctement aux personnes et aux animaux.

« Il a intindu eun' vaque *braire*, i n'sait à queull' étabe. »

(Dicton.)

BRANDEVIN, *s. m.* — Eau de vie.

BRELLES, *s. f. p.* — Mèches de cheveux raides.

BREN, *s. m.* — Matière fécale.

BRÉOIRE, *s. f.* — Femme qui pleure facilement.

BRESETTES, *s. f. p.* — Petites braises que l'on met dans les *vaclettes* (chaufferettes). Il y a à Lille un marchand de *brèsettes*, il crie pour annoncer sa marchandise :

« A bresettes! charbon de faux ! »

Au figuré, on dit d'une femme malpropre, qui n'est pas claire, *ch'est eunn' brésette*, noire comme du charbon.

BRETESQUE (La).

« Endroit désigné près de la porte de l'Hôtel-de-Ville, pour
» y faire les publications légales et placarder les affiches. »

Brun-Lavainne.

BREYOU. — Répond à pleurard, il se dit généralement d'un enfant qui pleure au moindre motif.

BRIFFE, *s. f.* — Gros morceau de pain.

BRIN, *s m.* — Peu de chose. Ce mot employé avec la négation veut dire rien, pas du tout.

BRINBEUX, *adj.* — Mendiant, vagabond.

BRINGAND, *s. m.* — Mauvais sujet, coureur, libertin.

BRINGUE, *s. f.* — Fille de mauvaise vie.

BRISAQUE, *s. m.* — Qui brise par habitude.

BRISCADER, *v. a.* — Abimer, détruire.

BROCHON, *s. m.* — Petite mesure pour les liquides.

BRONDELER, *s. m.* — Tomber.

BROQUANTE, *s. f.* — Ouvrage d'occasion. Au figuré, mauvaise boutique.

BROQUE, *s. f.* — Broche, du bas latin *broca.*

BROQUELET, *s. m.* — Petite broche ou fuseau de la dentellière.

Le *Broquelet*, fête de la dentellière, fête qui offrait réellement un caractère local et fournissait mille sujets d'observations au moraliste. Il est impossible de préciser l'époque à laquelle commença le *Broquelet*; quoiqu'il en soit cette fête est très-ancienne et durait huit jours. Les ouvriers étaient payés entièrement pendant tout le temps.

Aujourd'hui le *Broquelet* se célèbre dans les cantines de Saint-Sauveur et dans quelques établissements du faubourg de Roubaix.

Louis-Joseph Watteau, professeur de notre école de dessin, nous a laissé une image de ce qu'était autrefois le *Broquelet* dans son tableau représentant cette fête.

BROUCHER, *v. a.* — Brosser. Au figuré, ce mot veut dire flatter bassement, terme d'écolier.

BROUILLACHE, *s. f.* — Brouille.

BROUSÉ, *adj.* — Noirci.

BROUTER, *v. a.* — Brouetter. Au figuré, se dit pour éconduire, éloigner.

BROUTEUR, *s. m.* — Brouetteur.

> « Vous franchez et jurez que en l'estat de *brouteurs*
> » vous conduirez bien et duement.... »
>
> **Roisin.**
>
> *(Publié par Brun-Lavainne.)*

BRUANT, *s. m.* — Hanneton. Par onomatopée du bruit qu'il fait en volant.

> Non jamais rien de pu drôle
> Chés *bruants* sans nulle frivole.
>
> **Brûle-Maison.**

Les *bruants* gris sont appelés *meuniers*.

Les enfants qui vendent et qui font voler les *bruants* crient :

> « A bruants! à Ronchin!
> » I a du fu dins tin molin! »

Je ne sais trop pourquoi on désigne ce village comme fournissant les *bruants*, il n'y en pas plus qu'ailleurs. — Au figuré, *bruant* se dit d'une personne qui n'avance pas, qui ne sort de rien.

BRULER L'CU, *locut.* — Partir sans rien dire, par contraction de brûler la politesse.

BRULIN, *s. m.* — Linge que l'on brûlait autrefois pour remplacer l'amadou sur lequel on battait le briquet avant l'usage des allumettes chimiques.

BUCQUE, *s. f.* — Molécule.

BUQUER, *v. a.* — Frapper.

BUICHES ou BUISSES. — Tuyaux de conduite des eaux de la ville; on l'emploie plus spécialement pour *tuyaux de poêles*.

BURGUET. — Avant l'établissement des trottoirs, la plupart des caves, dans les villes du Nord, étaient surmontées d'une plate-forme en pierre bleue posée sur une maçonnerie formant une entrée. L'ensemble de cette construction se nommait *burguet*.

Dans sa chanson du *Vieux Savetier*, M. DESROUSSEAUX a heureusement employé ce mot :

Les trottoir' ont fait du ravache,
Aussi, pou' ch' vieux chav'tier, queu r'gret!
I n'a pus, pour faire s'n ouvrache,
Eun' biell' cave avec un *burguet*.

BUSETTE, *s. f.* — Petite tige creuse de certaines plantes avec lesquelles les enfants se font des jouets. Si le tube est entièrement creux, ils s'en font une *soufflette;* si à l'un des bouts il est fermé par un nœud, à l'aide d'un couteau ils en forment une *musette*. — On nomme aussi *busettes*, des tubes de papier servant de base ou point d'appui aux bobines employées dans les filatures.

BUSIAU, *s. m.* — Tube en bois ou *bobineau;* busette en est le diminutif.

C

Les mots français commençant par *ch*, le patois n'admet que le *c*, et dans les mots français commançant par *c*, le patois introduit un *h*. Ceci n'est pas général, mais on le rencontre très-souvent Ainsi *chalit* fait *calit*, et *cinq* fait *chinq*.

La lettre *c* est souvent remplacée par les lettres *k* et *q*.

CABAS, *s. m.* — Panier en tapis, en cuir et plus souvent en paille. Au figuré, se dit pour une dévote.

CABOCHE, *s. f.* — Tête, et principalement tête dure.

Vous avez la *caboche* un peu dure.

Molière.

CABUJETTE, *s. m.* — Laitue pommée, diminutif de *cabus*, *adj.*, chou dont elle a la forme.

CACHER, *v. a.* — Chercher, chasser, du bas latin *cachiare*, qui signifie chasser.

CACHER-PERDU, *loc.* — Obséder, pousser quelqu'un à bout. On dit adjectivement d'un homme qui est embarrassé, qui ne sait quel parti prendre, qu'il est *caché-perdu*.

CACHE-QUIENS. — Bedeau dont la mission est de chasser les chiens de l'église.

CACHIVEUX, *adj.* — Chassieux.

CACONNES, *s. f. pl.* — Cerises noires et sucrées.

CADOT, *s. m.* — Petite chaise d'enfant.

CAFETIAU, CAFIAU. — Mauvais café.

CAFOTIN, *s. m.* — Étui servant à mettre des épingles et des aiguilles.

CAFOUILLER, *v. n.* — Fouiller, remuer d'une manière malpropre.

CAILLO. — Caillou.

CAIRESSE, *s. f.*—Chaisière, loueuse de chaises dans une église.

CALÉ (Être). — Être bien mis.

CALEUR. — Chaleur, du latin *calor*.

CAMANETTE, *s. f.* — Commère.

CAMPES, *s. f. plur.* — Boites à détonation.

CANARIEN, *s. m.* — Canari, serin.

N' se permet-i point
D' traiter min *canarien* de *s'rin* !!

Desrousseaux.

CANCHON, *s. f.* — Chanson.

CANCHON-DORMOIRE. — Chanson qu'une mère dit pour endormir son enfant. Celle de Desrousseaux est très en vogue.

CANDELLE, *s. f.*—Chandelle, du latin *candela*.

CANDELLIETTE, *s. f.* — Coup de pied que lance le gamin à son voisin en glissant plus rapidement sur la glace, ce qui presque toujours le fait tomber.

Ch'est li qui fiche eun' *candelliette*
Au Monsieur...

Ch. Decottignies.
(Le Gamin de Lille).

On donne encore le nom de *candelliette* à l'eau congelée que l'on voit l'hiver suspendue aux nochères sous forme de *candelle*.

Dins l' mos d' janvier i gél'ra dru,
Chaqu' noquère ara s' *candelliette*.

Desrousseaux.
(Prédictions.)

CANETTE, *s. f.* — Litre, moitié du *pot* ou *lot*, double de la *pinte*. Diminutif de *canna*, *channe*, *canne*, ancienne mesure pour les liquides.

CANTIAU, *s. m.* — Croûton de pain.

CAPAGEOIRE, *s. f.* — Dépensière.

CAPELET, *s. m.* — Chapelet. *Déblouquer sin capelet*, dire ce que l'on pense.

CAPELLE, *s. f.* — Chapelle ; au figuré, cabaret.

CAPENOULE, *s. m.* — Diminutif de *capon*.

CAPIAU, *s. m.* — Chapeau, et *capelier*, qui fait des chapeaux. *Capiau* au figuré, se dit pour homme, de même que *blanc-bonnet* se dit pour femme.

CAPON, *s. m.* — Mauvais sujet. Il est d'un usage général en patois, et ne signifie nullement poltron comme son homonyme français ; au *fém.* *caponne*. Il s'emploie quelquefois comme mot d'amitié ; ainsi une mère dit à son enfant : embrasse ta maman, petit *capon*.

CAPOT, *s. m.* — Vêtement de femme. Il y en a de plusieurs sortes : en laine tricotée, en indienne ou toute autre étoffe avec manches et *farbalas*.

Autrefois il y avait à ce vêtement un petit capuchon d'où pourrait venir le mot *capot*, de *caput*, qui signifie tête.

CAR, *s. m.* — Chariot.

CARACOLS (Faire des). — Tours et détours.

CARBON, *s. m.* — Charbon, du latin *carbo*, *carbonis*.

CARBONNIER, *s. m.* — De l'italien *carbonaro*, qui vend du charbon.

Chacun à s' plache, les jésuites avec les *carbonniers*.
(*Dicton.*)

CARCAILLOU, CALCAILLOU, *sub. m.*—Caille.

CARDONNERET, *s. m.*—Chardonneret, oiseau qui se nourrit de la graine de *cardon*, chardon.

CARRÉ, *s. m.* — Filet de pêche.

CARRÉ, *s. m.* — Carré de pain-d'épices très-dur.

CARRER (Se), *v. pron.* — Se donner du genre.

CARISTALE (Aller à la). — Aller demander l'aumône, la charité. — *Caristale*, dit M. Hécart, vient de l'espagnol *caridad*, qui signifie charité.

CARTON, *s. m.* — Ouvrier de ferme, charton.

CASUEL. — Fragile, qui casse facilement.

CAT, *s. m.* — Chat, *fém.* catte.

J'avos mis m'n amour sur eun' biête,
Un *cat* qu' j'appelos Croq'-soris.

Desrousseaux.
(*Croq'-Soris.*)

On appelle la rue des *Chats-Bossus*, *Cats-Bochus*, à cause d'une enseigne qu'il y avait dans cette rue.

CATELAINE, *s. f.* — Femmelette.

CATIAU, *s. m.* — Château, du latin *castellum*.

CATOU, *s. f.* — Poupée ; au figuré, fille de mauvaise vie.

CAUDIAU, *subst. m.*—Lait de poule, *chaudeau*.

CAUCHE, *s. f.* — Autrefois chausse, aujourd'hui bas, chaussette, du latin *cauces*. Au figuré, on dit d'un homme qui aime les femmes : *Il aime les courtes cauches*.

CAUCHON, *s. m.* — Chausson.

CAUDRON, *s. m.* — Chaudron ; on appelait autrefois le chaudronnier, *caudrelier*, *s. m.*

« A la procession de Lille, 1562, les *caudreliers* » avoient la figure quinzième. Comment la concubine du » roy Darius osta de la teste du roy, sa couronne, et la » mettoit sur sa teste, et hardiment le buffletoit. »

(Manuscrit de la Bibliothèque publique de Lille.)

CAULET. — Chou servant à la nourriture des vaches.

CAYÈRE, *s. f.* — Chaise, vieux français *chaière*.

CAZINETTE, *s. f.* — Étoffe de laine dont on se sert pour faire des *baies*.

CH. — Ces lettres se substituent à l's simple ou double : *sifflet*, fait *chifflet*, etc.

CHAFFLER, *v. n.* — Onomatopée, marcher avec bruit dans la boue.

CHIN, *pr. dém.* ce. — *V'là chin qui m' faut.*

CHIFFLOTIAU, *s. m.* — Flageolet, sifflet.

CHIP-IN-CHOP (Marcher in), *loc.* — De travers, de côté et d'autre.

CHIPOTER, *v. a.* — Marchander, disputer, chicaner. On a le subst. *chipoteu*, *chipoteuse*.

CHLOFFE (Aller). — Dormir, de l'allemand *schlaffen*.

CHOU. — Ce mot s'emploie pour ce, cela. *I n' sait point chou qui fait*, il ne sait ce qu'il fait.

CHOULER, *v. a.* — Fouler aux pieds. Figurément on a le subst. *choulé : ch'est un pauv' choulé*, dit-on d'une personne mener durement.

CHOULET, *s. m.* — Boule de bois lancée au jeu de la crosse.

Ce mot, dit P. Legrand, vient de l'allemand *schollern*.

CHUC, CHUKRE, CHUQUE, *s. m.* — Sucre.

CHUQUERIER, *s. m.*— Fabricant ou marchand de sucre.

> Un Tourquennois s'in va au *chuquerier*,
> Li demande : quoiche vous vindez ?
> J' vends de l' seminche de *chuque*,
> Du *chuque*, on s'in léqu'rot les dogts.
>
> **Brûle-Maison.**
> *(Septième recueil.)*

On donne encore les noms de *chuquerier*, *chukrier*, *s. m.*, au sucrier, vase qui contient le sucre.

Lorsque quelqu'un se cogne, on dit qu'il s'est donné du *chuque*.

On désigne en patois les friandises de sucre, sous le nom de *chucades*, *s. f. pl*

CHUKRIE, *s. f.* — Fabrique de sucre.

CHUCHE, *s. f.* — Bière.

CHUCHETTE, *s. f.* — Sucette, morceau de linge dans lequel on met du pain mâché avec du sucre, et que l'on donne aux enfants pour sucer.

CINSE, *s. f.* — Ferme, métairie.

CINSIER, *s. m.* — Fermier, métayer. On appelle *cinsier d' place* les individus qui se tiennent sur les places publiques en attendant qu'on veuille bien les employer, soit pour faire des courses ou déménagements, etc.

CLACHOIRE, *s. f.*—Fouet, et *Clacheron*, *s. m.*, le bout de ficelle que l'on met au fouet.

CLAQUE, *s. f.* — Soufflet; au figuré, femme négligée. Il y a à Lille, la rue à *Claques*.

CLAQUO, *s. m.* — Tube en sureau.

CLO, *s. m.* —Clou, du latin *claudere*, clouer.

CLEINER, *v. n.* — Pencher, incliner.

CLINCHE, *s. f.* —Sorte de loquet que l'on met aux portes qui n'ont pas de serrure à clef, où à celles dont le pène est dormant.

> « Est-ce parce que ce loquet mobile fait un certain
> » bruit, *cliquette*, en s'élevant et en s'abaissant, qu'on
> » l'appelle *clinche*, de *clingere*, tinter, *cliqueter*, ou
> » bien seulement parce qu'il serait un moyen de clôture,
> » (*clingere*, enclore, fermer) ? »

E. A. Escallier.

(*Remarques sur le patois. Douai*, 1856.) (1)

---

(1) Nous recommandons cet excellent ouvrage à nos lecteurs.

CLIQUETTES. — Castagnettes lilloises, formées de deux ardoises.

« Jadis les gamins de Lille n'étaient pas moins turbulents que ceux d'aujourd'hui ; le soir, ils allaient sur la Place-d'Armes à la réunion des tambours, chacun avait deux ardoises criardes entre les doigts pour accompagner, comme avec des castagnettes ; rien de plus discordant. »

(*L'Ouvrier Filtier* (almanach 1848), *une retraite militaire à Lille*)

CLOER, *v. a.* — Clore, fermer, clouer.

CLOQUE, *s. f.* — Cloche, pendant d'oreille, nommé aussi *pinderlot*, du tudesque *clock*.

CLOQUETTES, *s. f. plur.* — Clochettes.

CLOUCHES. — Mauvais aliments.

COCOCHE. — Mot enfantin, diminutif de cochon.

CODAC, *s. m.* — Œuf, onomatopée rappelant le cri de la poule lorsqu'elle pond, ou qu'elle va pondre : *cocodac !*

CODERLATS, *s. m. plur.* — Ustensiles de cuivre d'une batterie de cuisine.

COINNE, *s. f.* — Imbécile.

COLAS, *s. m.* — Idiot.

On désigne encore en patois sous le nom de *colas*, l'oiseau *geai*, doué d'une grande intelligence et qu'on habitue sans peine à contrefaire toutes sortes de sons. Je ne sais trop pourquoi on lui donne ce nom, peut-être de ses habitudes joyeuses et pétulantes qui sont assez naturelles chez les idiots.

Pèr' Bis le r'vette
Et dit : cheul' biette
Et ti, béta,
Cha fait deux vrais *colas*.

L. Debuire.
(L'Père Bis.)

COLIDOR, *s. m.* — Corridor.

COLINETTE, *s. f.* —Coiffe de femme. Les gens de la ville ne s'en servent que pour coucher.

CONSOLATION (Tasse de). — Tasse de café.

Su Saint-Sauveur comme su l' Mad'leine,
L' café s'appell' *consolation;*
Ainsi jugez l' long d'eun' semaine
Combien l' chagrin cach' d'occasion.

Ch. Decottignies.
(La Consolation Lilloise.)

COPAGE, *s. m.* — Paille hachée pour la nourriture des chevaux.

COPENNAGES, *s. m. plur.* — Herbes potagères.

COPON, *s. m.* — Coupon.

COQUELEU, *s. m.* — Amateurs de coqs. On donnait ce nom à celui qui faisait battre autrefois les coqs qui étaient armés d'éperons en acier.

Les *combats de coqs* furent interdits par arrêté préfectoral en date du 11 février 1852.

COQUILLE, *s. f.* — Gâteau de forme allongée que l'on donne aux enfants le jour de Noel.

Lise, n'oubliez pas de mettre une *coquille*
Derrière l'oreiller de ma petite fille.

Casimir Faucompré.
(Sous les Saules.)

Il est coutume ce jour là que les boulangers donnent à leurs pratiques une *coquille*, de même que les épiciers donnent le jour des Rois une chandelle.

CORÉE, *s. f.* — Entrailles d'animaux qui accompagnent le cœur.

> Eun' baclée, un pomon
> Et eun' *corée* d' mouton.
>
> *(Chanson de Carnaval.)*

CORON, *s. m.* — Bout de fil, bout d'étoffe etc.

CORSÉ, *adj.* — *Être corsé*, avoir du corps.

COSTIAU, *s. m.* — Vètement de petit enfant.

COTIN, *s. m.* — Feu de *brésettes*, petites braises.

COTRON, *s. m.* — Jupe qui s'attache à la hauteur des *côtes*.

COU, *adj.* — Couvert caché. Ce mot est surtout usité parmi les enfants lorsqu'ils jouent au *mucher*. Celui qui se cache crie : *Cou !* lorsqu'il est à l'abri, *mucher*.

COUET, *s. m.* — Vase en terre.

COUAC. — Cri que lance le gamin lillois contre les Frères de la Doctrine chrétienne qui sont habillés de noir. *Couac !* étant le cri du corbeau.

> « Que voulez-vous, le gamin de Lille insulte ses an-
> » ciens professeurs. Les voit-il sur son passage, il lance
> » son cri : *Couac !* » L. V.
>
> *(L'Amusement d'un Lillois.)*

COULIÈRE, *s. f.* — Cloyère, pannier au poisson. Les porteurs de poissons sont appelés *porte-coulières*. On désigne encore sous ce nom une femme de mœurs dissolues, et *porte-coulières* les commissionnaires chargés de porter les *billets d'amourettes*.

Un chansonnier assure que le commissionnaire *Signal* n'était jamais chargé d'en porter. Les Lillois savent pourquoi!...

COUILLON, *s. m.* — Lâche, poltron.

COULON, *s. m.* — Pigeon, ancien mot français.

> Pour avoir s' mason nette,
> I n' faut ni *coulon* ni prête.
>
> *(Proverbe lillois.)*

ller vir Coulon, se dit pour mourir, en souvenir d'un ancien fossoyeur du cimetière de la ville qui s'appelait *Coulon*.

COULONNEUX. — Amateur ou marchand de *coulons*.

COUPÉ. — Sommet, extrémité.

COUPI (Avoir à). — Avoir des démangeaisons, du latin *scopare* et du vieux français *scopir*.

COUQUE-BAQUE, *s. f.* — Crêpe faite avec de la farine de *boquette* et du beurre. A Mons, on nomme cette pâtisserie *boucacouque*.

> « De l'allemand *Kucken gebacken*, pâtisserie. »
>
> **Hécart.**

Comme on le voit, il serait préférable d'écrire *kouque-bake*, pour prouver l'origine de ce mot.

L'établissement où se fait cette pâtisserie est situé près du théâtre et a pour enseigne *quatre marteaux* de tonnelier. La cave des *Quatre-Marteaux* a fourni le sujet d'une des plus jolies chansons du recueil : *Mes Etrennes*, année 1860, par Desrousseaux.

COURCHI, COUCHIÉ.—Courroucé, en colère.

COURETTE, *s. f.* — Petite cour.

COURIR *tout son plus vite.*—Locution : courir le plus vite possible.

COURT-MOS. — Court mois. On appelle ainsi le mois de février.

COURTI, *s. m.* — Jardin, verger clos.

COURTILLAGE, *s. m.* — Ce qu'on retire du *courti.*

COURTILLEU, *s. m.* — Jardinier-légumier.

COUSSIN, *s. m.* — Métier ou carreau de dentellière.

COUVINT, *s. m.* — Couvent. On appelle à Lille le Bon-Pasteur *couvint à chabots*, où l'on place les jeunes filles dont la conduite laisse à désirer.

> Mais, j'intre d'main, pa' l' volonté d' min père,
> Avé l' cœur gros,
> Au *Couvin'-à-Chabots.*
>
> **Desrousseaux.**
> *(Mes Étrennes*, 1861.)

COYETTE, *s. f.* — Tranquille, du latin *quies*, *quetis.*

Etre à l'coyette, se dit pour être en repos, tranquille, à l'abri, etc.

CRACHE, *s. f.* — Graisse.

> « Ch' n'est point tout des choux, ch'est de l' *crache.*
>
> *(Dicton.)*

CRACHET, *s. m.* — Petite lampe de fer ainsi

nommée de ce qu'autrefois elle était alimentée par *de l' crache*, de la graisse.

« Le nom de *crachet*, qui désigne une petite lampe
» grossière en terre cuite, avec une anse longue et re-
» courbée par laquelle on la suspend, dérive apparem-
» ment du tudesque *Rrachen*, *pétiller*, par allusion à
» l'effet de la mauvaise huile.

L. Lebeau,
(Archives historiques et littéraires du Nord de la France.)

CRAINE, *adj.* — Crâne, fameux, excellent.

CRAMILIE, *s. f.* — Crémaillère.

CRAPE, *s. f.* — Crabe, poisson.

CRAPE, *s. f.* — Crasse, sâleté.

CRAPEUX, *s. m.* — Sale, avare.

CRAPIN, s. *m.* — Petit blé qu'on donne à manger aux pigeons, aux poulets.

CRAQUELIN, *s. m.*—Petite pâtisserie croquante en forme de 8.

CRAQUELOT, *s. m.* — Hareng saur nouveau.

CRAS. — Gras, du latin *crassus.*

CRINCHON, *s. m.* — Cri-cri, grillon, cigale. Un mauvais violon s'appelle *crinchon* et par extension le violoniste. On donne encore le nom de *crinchon* à la personne qui se pelotonne près du feu.

CROCHE-PIED, *s. m.* — Croc en jambe.

CROCHU, *adj.* — Qui a les jambes torses.

CROJETTE, *s. f.* — Alphabet qui ordinairement est précédé d'une petite *cros* ✱ croix.

CROMBIR, *v.* — Plier, courber.

CRON, *adj.* — Tortu.

CRON, *s. m.* — Déchets qui proviennent de démolitions.

CROQUE, *adj.* — Pris de boisson.

CROQUE. — Œuf de poisson et le poisson.

CROQUE-POUX, *s. m.* — Groseille verte ou blête.

CROTE, *s. f.* — Fiente.

CROUCROU (se mettre à). — Être accroupi, assis sur les talons.

CROUSTOUS (avoir des), *s. m. plur.* — Avoir de l'argent.

CRUAU, *s. m.* — Mauvaises herbes.

CULOT, *s. m.* — Dans une famille, le *culot* est le dernier né.

CURER, *v.* — Mettre le linge mouillé sur le pré pour le faire sécher et blanchir.

CURO. — Endroit où l'on met *curer* le linge.

CURICHE (Pain de). — Pâte de réglisse.

D

D suivi d'un *e* muet se change en *t*, comme dans *mode*, *limonade*, font *mote*, *limonate*. Il en est de même lorsqu'il est suivi d'un *r*; ainsi, *rendre*, *prêtre*, font *rente*, *prête*. On ne prononce jamais la lettre *r* que suit un *e* muet final.

DA, *part. aff.* — Sais-tu. *J'irais la bas, da?*

DACHE, *s. f.* — Clou à tête plate que l'on met aux semelles des souliers.

> « De l'espagnol *tachon*, qui signifie la même chose, » ou peut-être du celto-breton *tach*, petit clou. »
>
> **Hécart.**

DACHOT, *s. m.* — Furoncle, plus connu sous le nom populaire de *clou*.

DANCK. — Merci, mot flamand dont on se sert très-souvent à Lille.

DAMAGE, *s. m.* — Dommage, du latin *damnum*.

DAMAS, *s. m.* — On appelait autrefois *damas*, un couteau avec lequel on coupait la corde des pendus et au fer de la guillotine que le peuple désigne encore sous ce nom.

DANOBIS, *s. m.* — Jocrisse.

DAQUOIRE, *s. f.* — Pluie abondante, pluie d'orage, du latin *aqua*, eau.

> I dit *pigeon*, in parlant d'un *coulon*,
> Mais bien pu fort, *averse* au lieu d' *daquoire*.
>
> **Desrousseaux.**
>
> *(César Fiqueux l' gasconneux.)*

DAR (ù). — *U* est l'averbe de lieu où. Lorsqu'il est suivi de *dar*, ces deux mots signifient ne savoir où donner la tête. Par exemple, un individu à bout d'expédient dirait avec découragement : *Je n' sais pu' ù dar.*

DARAIN. — Dernier, *fém. daraine.* Nous trouvons dans Hécart l'exemple suivant :

> « Tout le leur demeure au *darrain* vivant. »
>
> *(Coutume d'Orchies manuscrite*, p. 225.*)*

DASER (Faire). — Cacher un objet quelconque pour s'amuser de l'inquiétude d'une personne à qui il appartient et qui croit l'avoir perdu.

DÉBALER (Se), *v. pr.* — Se décourager. *J'sus tout débalé.*

DÉBAUCHÉ (Être). — Être affligé, triste, désolé.

> — Qu'oiche t'a ?
> — J'sus *débauché*.
> — Un *bochu* vodrot l' l'être.
>
> *(Dicton.)*

DÉBLAVER, *v.* — Déblayer.

DÉBLOUQUER, *v.* — Déboucler; dire ce qu'on pense.

> « On ôte la *boucle*, pour ainsi dire, afin que les mots
> » sortent plus facilement. »
>
> **Desrousseaux.**

DEBOUT (L'), *s. m.* — La fin, le bout. Nous avons à Lille les rues du *Court-Debout* et du *Rouge-Debout*. Ce mot s'emploie adverbialement pour tout au plus : *Ch'est tout l' debout si j'arais assez d' filet pour ourler min moucho.*

DÉBRAILLER, *v.* — *Débailler*, ouvrir. *Être débrailler*, avoir les vêtements ouverts, déboutonnés.

DÉCAROCHER, *v.* — Déraisonner.

DÉCAUX (A pieds), *adv.* — Pieds nus, à pieds *déchaussés*.

> « De l' soupe à naviaux, point d' bure et boco d'iau,
> » Ch'est l' potache des *Carmes déchaux.* »
>
> *Dicton populaire*, cité par **Hécart.**

DÉCESSER, *v. n.* — Cesser. *Ch'est un bavard, i n' décesse jamais*, pour il ne cesse pas de parler.

DÉCHOQUETER. — Séparer une source en plusieurs plantes pour la multiplier.

DÉCHOULER, *v.* — Dire des choses qui n'ont pas le sens commun.

DÉCLAQUER, *v.* — Déclincher, faire partir, rire avec éclats. *Déclaquer un fusi, déclaquer d' rire*

DÉCROTTO. — Balai en bois très-dur pour décrotter.

DÉDÉ (Aller).—Aller promener. Terme enfantin.

DÉDICASSE. (Voir *ducasse.*)

DÉESSE, *s. f.* — Les Lillois appellent *l' déesse*, la statue de la ville de Lille qui couronne la colonne commémorative du siége de 1792. Elle est due à M. Bra, statuaire distingué, enfant du département.

« Colonne sainte où Lille, calme et fière,
» De nos aïeux répète le serment. »

(Les Canonniers lillois.)

DÉFAIRE. — Tuer, faire mourir, et principalement *se défaire* pour se suicider.

DÉFILER, *v.* — Efiler, ôter les fils d'un tissu. Les *défileuses* de tulle.

DÉFIQUIÉ. — Décolleté, avoir la poitrine découverte. (Hécart.)

Chés fill's cour'tent tout *défiquiées*,
Après cha, les v'là tout r'froidiées,
I touss'tent comme un qu'va qui anche.

Brûle-Maison.

(Sermon naïf d'un curé de Tourcoing.)

DÉFRISÉ (Etre), — Etre contrarié. Ce mot, disent MM. Hécart et Lorin, est usité à Paris dans le même sens.

DÉFUNQUER, *v. n.* — Mourir.

DÉGAGER (Se), *v. p.* — Se hâter. *Dégageons-nous*, hâtons-nous.

DÉGAINE, *s. f.* — Tournure, allure.

Si queq'fo' un faux craine
Parlot mal de s' *dégaine*.

Desrousseaux.

(Souvenirs de Lille.)

DÉGEAU. — Dégel.

Ch'est l' bon *dégeau*, i quet d' l'iau.

Un bon *dégeau* n'est jamais caud.

(Dictons.)

DÉGRIFFER, *v.* — Griffer, égratigner.

DÉGRIOLER. — Glisser sur la glace. A Maubeuge, on dit *dégringoler*.

DÉGRIOLOIRE, *s. f.* — Glissoire sur la glace ou sur un fil d'eau.

DÉGEULER, *v. n.* — Vomir.

Ti, va mainger six liv's de viau
Pour *dégueuler* comme un pourchau.

Brûle-Maison.

(La Tourquennoise et le Savetier.)

DÉMAQUILLER, DÉGOBILLER et DÉLOUFFER, *v. n.* — Ont la même signification.

L'un quet, l'aut' brondielle à tière,
L'aut' s'indor' à gueulle ouverte ;
L'un *délouffe* l' bière et les pronnes,
Et l'aut' quie dins ses maronnes.

Brûle-Maison.

(Sermon naïf d'un curé de Tourcoing.)

DÉHUTTER. — Mot à mot, sortir de la hutte. Dans certains jeux, à *mucher* par exemple, les enfants crient : *Déhutte ! déhutte !* pour avertir ceux qui sont cachés qu'on est à leur recherche. Ils disent encore à celui qui reste le dernier : *Derne à ca ca déhutte* !

DÉLAMINTER (Se), *v. pr.*—Se plaindre, gémir, pleurer.

DÉLOQUETÉ, *adj.* — En *loques*, haillons.

DÉLOUFFER, *v. n.* (Voir *dégueuler.*)

DÉMÉLACHE, *s. m.* — Préparation liquide pour faire de la pâtisserie.

Dins sin *démêlache*
Il ont fait plonqué ch' gros cat...

Desrousseaux.

(L' Cave des Quat'-Martiaux.)

DÉMÊLER (Se), *v. p.*—Savoir se défendre soit en paroles soit par des voies de fait.

DÉMÉPRISER, *v.* — Mépriser.

DÉMIOCHER, *v.* —Emietter, réduire en miettes. Une mère qui voit ses enfants manger de façon à laisser tomber les miettes en pure perte, leur dit : « *Vous démiochez votre pain.* »

DEMITANT. — Moitié d'une chose.

> « Si on parle de mesure, on emploie le mot *demi* » comme en français. On dit très-bien : *l' demitant* » *d'eune demi-life d' bure.* »
>
> **Hécart.**

DENIER A DIEU qu'on appelle *Demi-adieu*, *Dernier adieu*, est une somme que l'on donne ou que l'on reçoit après la conclusion d'un marché, la location d'un appartement, d'une chambre, etc., que l'on donne à un domestique lorsqu'il entre en service. Après avoir reçu cette somme, si on ne se présente pas dans les 24 heures pour la retirer, on est irrévocablement lié et on a pris Dieu à témoin de son engagement.

DÉPICHER, *v. a.* — Mettre en *piches*, pièces.

> « Min frère a batillé, on li a tout *dépiché* sin nez. »
>
> **Desrousseaux.**

DÉPLAQUER, *v. n.* — Lorsqu'après la gelée, la terre commence à s'enlever et à s'attacher par *plaques* aux souliers par suite du dégel, on dit qu'il *déplaque*.

DERNE, *s. m.* — Dernier. *Faire vir pour les premmes ou derne*, pour le premier ou le dernier à jouer.

DÉTIQUER, *p.* — Détacher, délier ce qui a été *attiquer*.

DÉTOUILLER, *v. a.* — Remettre en bon état ce qui a été *touillé*.

DÉVISAGER, *v.* — Défigurer.

DEVISER, *v. n.* — S'entretenir familièrement. *D'viser au patard*, *loc.*, s'entretenir à son aise et longtemps.

Nous n'irons pu boir' nos pintes,
Pour nous *d'viser au patard*,
Il est trop tard!...

Desrousseaux.
(Le faux Conscrit.)

DEUX (Faire à). — S'associer soit au jeu, soit dans le commerce. Lorsqu'une personne trouve un objet dans les rues, si une autre la voit ramasser cet objet et qu'elle lui crie : *Par' à deux*, *les pieds du bon Dieu!* elle se croit en conscience obligée de partager sa trouvaille, à moins qu'elle n'ait dit avant : *par' à mi tout seu.*

DIA. — Cri pour exciter les chevaux à marcher, pour les faire tourner à gauche.

DIALE, *s. m.* — Diable, au *fém. dialesse.*

« Comme en Lorraine, en Bourgogne, dans les Vosges » et même en Picardie. » **Hécart.**

On appelle encore *diale* les pierres qui se trouvent dans le charbon.

DINT, *s. m.*—Dent, du latin *dens. Avoir tout ses dints*, locution : répondre à tout, répliquer.

Te verras si j'*ai tous mes dints.*

Desrousseaux.
(Choisse et Thrinette.)

DINT. — Terme de la profession de dentellière. Un *dint*, c'est le dessin tracé par des trous sur la bande de parchemin et qu'on reproduit sur le tissu.

Si le parchemin a dix fois le dessin, on dit qu'il a *dix dints*.

DINTELET, *s. m.* — Dentelle. A Lille, chaque *dintelet* avait son nom ; en voici quelques-uns : *l'Prigeonnier, l's Émontés du grand'garde, l' grand et l' petit Gambon, l' Pucelage, l' Bouton d' rose, l' Doué, l' Saint-Esprit, l' Cap'let, l' Petit-Trou-Trou, l'Œillet, l' Petit-Zizi, l'Tiète d' cat, les Derrières, l' Romarin, l' Rosette, les Orelles de cat, les Rivières, l' Cœur, les Epaulettes*, etc.

Le plus célèbre de tous avait nom : *l'Livré d'St.-Sauveur*. Il avait, à ce qu'on m'a dit, été commandé par l'Impératrice Joséphine, et il occupa pendant bien longtemps les *dintellières* de cette paroisse par qui il était *livré* ; de là son nom. Aussi était-il passé en proverbe sur Saint-Sauveur pour désigner un objet en vogue : *Ch'est comme l' livré d' Saint-Sauveur, on n' vot pus qu' cha.*

DIQUE-DAQUE (Il pleut à). — Locution : Il pleut à verse. Par onomatopée, du bruit que la pluie fait en tombant.

DISCOMPTE, *s. m.* — Escompte.

DODO, s. *m.* — Camisole de nuit.

DODO (Faire). — Dormir. Terme enfantin.

DODINER, *v. a.* — Bercer, chercher à endormir un enfant. Autrefois *dodeliner*. (Voir *Amicloter*.)

DORÉ, *s. m.*—Pâtisserie originaire de la Flandre nommée dans le Hainaut *Gohière*. Tarte dont la farce est faite de fromage à la pie mêlé avec un peu de fromage de Maroilles et de jaunes d'œufs, et qui se mange toute brûlante et fourrée de beurre. On vendait autrefois cette pâtisserie à Lille, rue de Tenremonde.

DORLORES, *s. f. plur.* — Parures d'or.

Ti te mettras tous tes *dorlores*
Et t'n écourcheux couleur aurore.

Desrousseaux.
(Le Spectacle gratis.)

DORMANT, *s. m.* — Soporifique.

DORMART. — Qui dort ou qui a toujours l'air de dormir.

DOUCHEMINT, *adv.* — Doucement.

Douchemint au burre, l' pain y est tère.
(Dicton.)

DOUÉ, *s. m.* — Espèce de balai composé d'un manche au bout duquel on cloue des morceaux d'étoffe et qui sert à essuyer les planchers. On ne se sert presque plus de cet ustensile de ménage, mais on dit encore d'une personnne qui a une chevelure douce et épaisse : *Ell'a eun' tiète comme un doué.*

DOULIETTE, *s. f.* — Tiède, ne s'emploie qu'en parlant de l'eau : *Pour faire l' barbe i faut d' l'iau qui n' sot ni caude ni froide, mais douliette.*

DOUPE, DOUBE, *s. m.* — Liard, petite monnaie, *duplex.*

D'PUIS l' perlimpinpin qu'au tuo, *loc. pr.* — Connaître une affaire à fond, la connaître dans tous ses détails.

DRAGON, *s. m.* — Cerf volant.

Au figuré, *faire voler sin dragon*, s'adonner au plaisir, sans s'inquiéter de rien.

M. Desrousseaux fait venir ce mot de l'allemand *drachen*, qui a la même signification et qui désigne aussi le *dragon*, monstre de la fable, armé d'ailes, de griffes, d'une queue, etc.

Autrefois dans le Nord, on portait des figures de *dragons*, pour repésenter le diable ou l'hérésie.

DRAQUE, *s. f.* — Drague, orge cuite dont on a fait la bière.

DRÈVE, *s. f.* — Avenue, allée d'arbres. Mot flamand. La *drève* qui conduisait autrefois à l'abbaye de Marquette lez-Lille était charmante.

DRINGUELLE. — Petit présent, quelque monnaie qu'on donne aux domestiques, ouvriers, etc., pour boire un coup. Il vient du verbe flamand *drinken*, boire, et de *geld*, argent. Ce mot, comme on le voit, exprime très bien son objet.

DRISSE, *s. f.* — Diarrhée. Au figuré, avoir peur.

DROT-CHI. — Ici, en cet endroit-ci.

DROT-LA. — Là, en cet endroit-là.

DROULE, *s. f.* — *Chi-en-lit*, lilloise, masque qui court les rues. Au figuré, fille de mauvaise vie.

« On la reconnaît à son jupon tendu par-derrière, à » sa gorge pendante dans ses vêtements et à son air » effronté. — Le Limousin a dans le même sens ***dronla*** » et ***dronlasse***.

Hécart.

(Dictionnaire rouchi-français.)

DROULION et DROULIETTE. — Diminutifs de *droule* dans cette dernière acception.

DRU. — Beaucoup

Sur l' temps qui boûra su l' fu,
J' vous in dirai long et *dru*...

Desrousseaux.
(Les deux Commères.)

DRUQUIN (In). — En cachette.

DU, *adv.* où. —*Dù qu' te viens? Dù qu' te vas?*

DUCASSE, *s. f* — Dédicasse, kermesse. Voici par ordre les *ducasses* de Lille avec les noms particuliers de quelques-unes :

1. Saint-André ;
2. La Magdeleine, dite *bréoire ;*
3. Sainte-Catherine ;
4. Saint-Sauveur, dite à *z'oches à moule*, à *carottes* et à *gauques ;*
5. Saint-Etienne, dite à *petits-pieds* ;
6. Saint-Maurice, dite à *berlières.*

La *ducasse* du village d'Hellemmes est appelée *à bleus-biecs*, de ce qu'elle arrive au commencement de l'hiver.

Chaque village a deux *ducasses :* la grande qui est celle du patron du lieu, et plus tard la petite. La *ducasse* commence le dimanche et dure une partie de la semaine, de manière à se lier au *raccroc* qui a lieu le dimanche suivant. Dans beaucoup de villages chaque cabaret a la sienne ; on fait *ducasse à hauffes*, et le lendemain il y a assez de bière dans le cabaret pour le laver, en dépit de ce proverbe que : de *l' bière par tière n' vaut point d' l'iau.*

DUCASSER. — Faire *ducasse.*

DUCASSIER. — Celui qui fait *ducasse.*

DURMENER, *v.* — Malmener. On l'emploie le plus souvent comme substantif; on dirait d'un individu qu'on maltraite ordinairement : *ch'est un durmené.*

DUSKA. — Jusqu'à.

DZEUR, dessus. — **DZOUS**, dessous. On entend souvent dire : *i va du dzeur et du dzous.*

E

Rien qu'à la prononciation de cette lettre, on reconnait le vrai Lillois. Il prononce l'*e* comme *aye*. Ainsi il dit : *marchaye* pour *marché*, *cafaye* pour *café*, etc.

M. Hécart a donné à la lettre *e* une quantité de mots qui appartiennent a la lettre *i*. Cela provient de ce que l'éditeur des Chansons et Pasquilles de Brûle-Maison a employé cet orthographe ; au moins celui-ci avait-il mis la note suivante : « Toutes les rimes en *ent* se prononcent en patois comme *bien* et *moyen.* » (8.e recueil.)

EBOULER, *v.* — Comme en français, mais on l'étend aux bobines, au coton, etc., dont les fils se déroulent de leur base, par analogie avec de la terre qui se détache d'un monticule : *Min cat a jué avec mes babennes et il a tout éboulé.*

EBROUER. — Donner un premier lavage au linge sale.

ECAFILLÉ, *adj.* — Éveillé, vif.

> Allons, je n'sus pu' étonnée
> Qu' t'as les yeux si *écafillés.*
>
> **Brûle-Maison.**
>
> *(Noces Lilloises)*

ECAFOTER, *v. a.* — Enlever *l'écafote*, l'enveloppe des pois, des noix, etc.

ECALETTE, *s. f.* — Castagnettes en forme *d'écales*, écailles.

ECAPER, *v.* — Échapper. M. Hécart fait venir ce mot de l'espagnol *escapar*, échapper.

ECLITE, ECLITRE, *s. f.* — Éclair.

ECOLÉ (Etre). — Être instruit.

ECONCE, *s. f.* — Lanterne sourde, du latin *absconsus*, caché.

ECOUAGE, *s. m.* — Autopsie.

ECOUR, *s. m.* —Espace compris depuis la ceinture jusqu'aux genoux lorsqu'on est assis.

ECOURCHEU, *s. m.* — Tablier, vêtement qui couvre l'*écour*.

ÉCOURCHEU D'FIN ROUCHE. — Tablier fait d'une étoffe de couleur rouge et qui coûtait très-cher. Un *écourcheu d'fin rouche* était comme *l'habit d'min vieux grand'père* (DESROUSSEAUX, 3e vol.); il passait de génération en génération *jusqu'a tant qu'i n'in reste pu' un morciau.*

ECOURCHIE, *s. f.* — Plein un *écourcheu.*

ECRÈPE, *s. m.* — Avare, qui chipote pour payer le moins possible. Le couplet suivant de la chanson intitulée : *l'Avaricieux*, nous donne un trait plaisant du caractère de l'*écrèpe* :

Un jour qu'il avot fait faire
D'eun' salopette, un cainn'çon,
Au tailleur, un pauv' grand-père
I d'mande l' prix de s' façon.
— *Cha s'ra l'argint d'un pot d' bière*,
Dit l' tailleur, mais l' vieux malin
Donn' huit sous, dijant : « Compère,
» Vous irez l' boire à Lesquin. »

Desrousseaux.

A Lille, le *pot* de bière vaut 50 centimes, tandis qu'au village il n'en vaut que 40.

ECULÉE. — Plein une écuelle, du latin *scutella*.

J' vas li porter bien vit' dins s' main,
Eun' biell' grande *éculée* d' potache.

Desrousseaux.
(Le Revidiache.)

EDUQUER, *v.*— Donner de l'éducation, du latin *educare*.

EGALIR, *v. a.* — Polir, rendre égal.

ÉGALIR (S'), *v. pr.* — Se mettre en train de... *s'égalir* à l'ouvrage, au jeu, etc.

ÉGAMBÉE, *s. f.* — Enjambée.

EGARD, *s. m.* (*litt.* qui regarde). — Personne dont l'office est d'inspecter les poissons, viandes, légumes, en un mot toutes les denrées que l'on vend sur les marchés. *Ewardeur*.

EHOU! EHOU! — Exclamation poussée pour faire honte.

Ehou! Ehou! grande sotte!
Ell' ju incor à marotte,
Ell' pinse à s' marier
Ell' ju incor à poupée.

(Refrain connu.)

EMILION, *s. m.* — Lumignon.

Et que j' vo' à l' mêch' de m' candelle
Un *émilion* briller.

Desrousseaux.

(Les vieilles Croyances, 3e. vol.*)*

EMONTÉ, *s. m.* — Marche d'escalier.

L' long des *émontés*,
Parlez comm' nous étîmes lestes!

Desrousseaux.

(Le Spectacle gratis, 1er. vol.*)*

EMOUQUER, *v.*— Moucher. Autrefois *émoucher*.

« Par quoy ayant iceluy bastard accoustrée et *émou-*
» *chée* la lampe. »

(Histoire du Saint-Sang de Miracle, p. 34,
cité par **E.-A.-J. Hécart.**)

EMOUQUETTES, *s. f. plur.* — Mouchettes.

EMOUVILLER, *v.* — Remuer, secouer quelqu'un pour le faire mouvoir.

ENFUNQUER, *v.* — Enfumer.

ENON? — N'est-ce pas. Formule interrogative afin de provoquer l'attention, l'assentiment de la personne à qui l'on s'adresse : Vous m'aimez bien, *énon*, petit?

EPARNEMALE, *s. f.* — Vase, coffret, boîte, pot, etc., servant à conserver les épargnes. Contraction du mot composé *Épargne-Maille.*

Maille, ancienne monnaie de billon valant à peu près un demi-denier; on dit encore aujourd'hui en français : *il n'a ni sou ni maille.*

Le contenu du vase s'appelle aussi *éparnemale.*

« .... Tros douzaines de quecques et eune *éparne-*
» *male* de quinz' jours qui monte à dije-huit sous. »

Desrousseaux.

(Les deux Gamins, 2e. vol.*)*

EPEINNOQUE.— Petit poisson.

EPI, *s. m.* — Mèche de cheveu rebelle qui résiste au peigne, à la pommade et au fer même du perruquier.

Un *épi* vous l' savez peut-ête,
Ch'est eun' brelle de ch'veux qui s' tient rot,
Et l' perruquer qui s'in rind l' maîte,
Peut s' vanter d'ête un homme adrot.

Desrousseaux.

(L' Roi des Perruquers.)

EPILIER, *v. a.* — Mettre en morceaux.

ÉPOUFFER D' RIRE (S'), *v.* — Pouffer, rire avec éclats, s'étouffer à rire.

EPOULMAN, *s. m.* — Qui fait des *épuelles*, apprenti des sayetteurs.

« Les enfants dès l'âge de cinq ans étaient *époulmans*
» jusqu'à ce qu'ils eussent fait leur première commu-
» nion. » **Desrousseaux.**

Au figuré mauvais ouvrier.

EPUELLE, *s. f.* — Bobine dont se servent les tisserands, les passementiers et les sayetteurs.

EQUÉ, *s. m.* — Écheveau. *Un équé d' filet.*

EQUETTES, *s. f. plur.* — Morceaux de bois que l'on ramasse chez les menuisiers. Du vieux mot français *eschet*, qui tombe.

> Pou n' point dépinser
> D'argint pour avoir des *équettes*,
> I tach' d'attraper
> Des tortins d' pall' sus des carettes.
>
> **Desrousseaux.**
> (*L'Nunu*, 3e. vol.)

EQUEUMETTE, *s. f.* — Écumoire.

> Pour *équeumette* i prononce *écumoire.*
>
> **Desrousseaux.**
> (*César Fiqueux* ou *l' Gasconneux.*)

Au figuré on dit d'un *mabré*, qui a eu les *poquettes*, qu'il a été vacciné avec une *équeumette.*

ESCARBILLE, *s. f.* — Ancien mot français. On appelle ainsi un morceau de charbon déjà brûlé mais non entièrement consommé. Beaucoup de personnes font commerce en allant chaque matin de maison en maison chercher les *chintes* (cendres, *s. f. plur.*) puis les passent par une espèce de tamis (sorte de pannier plat) qu'ils appellent un *passo*, dans lequel restent de menus charbons ou *escarbilles*. Elles vendent ces *escarbilles* par *banse* aux pauvres gens pour les rebrûler, et les *chintes* par *rasière* aux fermiers pour mettre dans les chemins.

ESCOFIER, *v. a.* — Tuer.

ESCOUSSE, *s. f.* — Élan, prendre du champ pour courir, sauter, etc., du latin *excutare*, secouer.

ESPLÉNATE, *s. f.* — Esplanade, lieu aplani.

ESQUÉLIN. — Escalin, monnaie valant 37 cent. 1/2.

> Pour sin luijeau, six *esquélins*,
> Incor ch' n'est poin' un des pus fins.
>
> **Brûle-Maison.**
>
> *(Le Mari mort et oublié.)*

ESQUINTER (S'), *v. pr.* — Érinter.

> « .... Gramint trop p'tit!... j' m'*esquinte*!...
> Inutilemint... » **Desrousseaux.**
>
> *(Le Bonnet de coton.)*

ESTOMAQUER (Être). — Être surpris, suffoquer. *Étoquer* est une contraction de ce mot.

ETAQUE ou ATTAQUE, *s. f.* — Pièce de la charpente d'un moulin, poteau. On appelle encore *étaque* le poteau du cordier sur lequel il y a une traverse dentelée pour maintenir les cordes. *Etaque* se dit encore dans différents jeux notamment dans celui des barres pour l'endroit désigné à l'avance et qui sert de but, c'est souvent un arbre. La rue des *Etaques* doit son nom de la coutume qu'on avait à Lille, lorsque la peste y faisait de nombreux ravages de planter une *étaque* ou poteau en face des maisons où il y avait un pestiféré.

ETE, *s. f.* — Atre.

> Faudra toudis te t'nir à l'*éte*
> Et tout l'long de l' nuit donner l' tête.
>
> **Brûle-Maison.**
>
> *(Demande en mariage.)*

ETEULE, *s. m.*—On donne ce nom à ce qui reste de la tige de l'avoine, du blé, etc., lorsqu'il a été fauché et dont on ne se sert que pour brûler, du latin *stipula.*

ETNIELLES, *s. f. plur.* — Pincettes, instruments de foyer, il vieillit dans cette acception mais il a conservé toute sa vigueur pour désigner une personne indolente, maladroite.

> Awi, in vérité t'in fais d' bielles!
> Va t'es-t-incore eun' bielle *etnielle!*
>
> **Brûle-Maison.**
>
> *(La Demande en mariage.)*

ETRAIN, *s. m.* — Paille.

ETRANNER, *v.* — Étrangler, latin *strangulare.*

ETRIQUE, *s. f.* — Rouleau de bois dont on se sert pour mesurer le grain.

ETRIQUÉ, *adj.* — Trop court, trop étroit, en parlant des vêtements dont on a pour ainsi dire mesurer l'étoffe avec une *étrique*, par allusion à l'outil des mesureurs de grains.

ETRIVE ou ETRIVETTE, *adj.* — Qui dispute, qui triche au jeu.

L'étrivette reçoit des autres joueurs des coups de genou au derrière, ce qu'on appelle donner les *cloquettes* (*s. f. plur.*) En administrant cette correction les gamins chantent un refrain que je ne puis traduire.

Le verbe *estriver* est fréquemment employé par les vieux auteurs et signifie contester, disputer, débattre, lutter, contredire, tricher, etc... Nous trouvons ce verbe dans Froissard.

« Il veut *estriver* contre l'aiguillon. »

(Chronique.)

EUNE. — Une

EUN' CHÉCHU. — Quelque part. *J' l'ai mis eun' chéchu mais je n'sais pus dù.*

F

F remplace souvent le *v*. Ainsi *veuve* fait *veufe*, *fève*, *fèfe*, *cave*, *cafe*, *brave*, *brafe*, etc.

FACHE. — Nom d'un village des environs de Lille. On dit d'une personne qui n'entend pas la plaisanterie et qui prend la mouche : *Te v'la incor' parti à Fache?*

FACHENNE, *s. f.* — Linges servant pour emmailloter un enfant.

Ell' prind ch' pauvre infant dins ses bras,
L'importe à s' mason à grands pas,
Ell' li mé eun' double *fachenne*.

Desrousseaux.

(Violette, 2e. vol.)

FACHON (A). — D'une manière convenable : habillé *à fachon*, fait *à fachon*.

FACONS, *s. m. plur.* — Cendres.

FADA (Avoir l'). — On trouve dans notre patois quelques mots espagnols restés de l'occupation de notre province par ce peuple. *Avoir le Fada*, en est un et signifie souffrir d'une chaleur accablante.

FALLUICHE, *s. f.* — Petit pain aplati que l'on mange tout chaud après l'avoir fourré de beurre.

FAVELOTTE, *s. f.* — Féverolle, *vicia faba.* Autrefois il y avait dans la rue Saint-Sauveur des marchands de *favelottes* cuites.

FARAU, *s. m.* —Bien mis, propre.

Comme un p'tit milord te s'ras *farau !*

Desrousseaux.
(L' Canchon dormoire.)

FARFOUILLER, *v. n.* — Remuer sans précaution, mettre le désordre.

MM. Hécart et Pierre Legrand le font dériver de l'espagnol *farfullar.*

FAU, *s. m.* — Hêtre.

Quand on arrive à s' boutique
I dit rud'mint : « Quoi-ch' qui faut ? »
Hier, à ch' mot, Grosse-Angélique,
Li d'mand' tros sous d' carbon d' *fau.*

(L' Marquis d' Bielle-Humeur.)
Chanson de Carnaval 1861.

FAUQUE, *adv.* — Seulement, rien que.

On m'a dit qu'i n'y a *fauque* à Lille,
Qu'on vot des chav'tiers les lundis...

Desrousseaux.
(Sorlets vieux !...)

Fauque, s'emploie quelquefois dans un sens affirmatif : *J' n'aime point les pronnes !* dit une personne; si une autre les aiment elle répondra : *fauque mi.*

FÈFE, *s. f.* — Fève, *faba*. On dit dans nos contrées pour reprocher la folie ou la faiblesse d'esprit à quelqu'un que les fèves sont en fleurs. On croit généralement que l'odeur de la fleur de fève rend fou.

FEUMER. — Se dit pour fumer la terre, répandre du fumier, de la fiente.

FEMME. — On prononce *faimme*.

FERGARD, *s. m.* — Espace entre la maison et le fil d'eau qui longe la chaussée et que l'on nomme aujourd'hui trottoir. Ce mot vieillit.

FERLOUPES, *s. f. plur.* — Lambeaux. *Un habit à ferloupes*.

FÉRURE, *s. f.* — Férule, palette. La *férure* n'existe plus, l'écolier est content.

FERNIÉTE, *s. f.* — Fenêtre.

FI, *s. m.* — Foie.

On nous apporte d'l'andoull' grisse,
De l'panchett', de l'mulett', du *fi*.

(L'Cabaret du P'tit-Quinquin),
Chanson de Carnaval 1861.

FIAT, *s. m.* — Mot latin qui ne se dit qu'en cette phrase : *I n'a point d' fiat à li*, il n'y a pas à se fier à lui.

FICHAU, *s. m.* — Fouine. Au figuré, *malin comme un fichau*, malin comme un renard.

Quand viendra no' bielle fièt' de Lille
Vous y verrez ch' *malin fichau*.

Desrousseaux.
(Violette, chanson.)

FIE. — Fief. Les ouvriers Lillois continuent de dire : rue du *Fie-t' Antoing*, bien que la plaque officielle désignant cette rue porte simplement rue *d'Antoing*. Il serait donc impossible de les comprendre si l'on ne savait que cette ruelle aboutissait jadis au *fief d'Antoing*, et que *fief* s'écrivait *fie* ainsi que le rapporte M. Brun-Lavainne dans son Glossaire de Roisin, sur les coutumes de Lille.

Quant à la lettre *t'* qui remplace la préposition *d'* c'est le résultat du son dur que nous donnons à cette dernière lettre.

FIEN, *s. m.* — Fiente, fumier. Il y a à Lille la la rue et la cour à *Fien*.

Je fais tenir à cop beauté mondaine,
Et toute odeur tourner en puant *fiens*,
Je fais tarir de force la fontaine,
Et fait pourir tant les gens que les chiens.

(Dance aux Aveugles.)

FIER, *s. m.* — Fer.

FIER FONDICHE, *s. m.* — Fer de fonte.

FIERMINT, *s. m.* — Instrument pour couper le bois.

FIEU, *s. m.* — Fils, *filius*.

Mère tenchent sin *fieu* qui crie.

La Fontaine.

FIL (Avoir l'). — Être fin, rusé, persuasif, savoir s'y prendre pour arriver à ses fins.

Ah! qu'il a l' *fil*
Min cousin Myrtil,
Pour nous fair' mainger du pichon d'avril.

Desrousseaux.

(Min cousin Myrtil et l' Pichon d'avril.)

FILATIER, *s. m.* — Fabricant ou marchand de fil.

FILET, *s. m.* — Fil à coudre.

FILTIER, *s. m.* — Ouvrier qui retord le fil.

> « Le *filtier* a été de tout temps le type de l'ouvrier
> » rangé, économe et soigneux. »
>
> **Desrousseaux.**

FIN, *adv.* — Très-extrêmement. *Il est fin sot*, très-sot.

FISQUE (Faire), *loc.* — Défier une personne de faire ce que l'on fait.

Faire du piche a la même signification.

FLAHUTE, *s. m.* — Flamand. Se trouve dans ce refrain populaire que chante les enfants :

> Ut, ré, mi, fa, sol, la, si, ut,
> Tous les Flaminds sont des *Flahutes*.

FLAMIND, *s. m.* — Flamand, au féminin *flamingue*.

FLAMINGUER. — Parler flamand.

FLANQUÊTE (A l'bonne). — Sans cérémonie, sans façon. *On peut v'nir à m' mason, ch'est à l' bonne flanquête.*

FLO, *adv.* — Mou, flasque, faible, du flamand *flau*, impuissant, débile.

> . . . « Queull femm'lette,
> » I m'a l'air pus *flo*
> » Qu'eun' tásse d'méchant cacao! »
>
> **Desrousseaux.**
> *(César Fiqueux.)*

FLOHAINE, *s. f.* — Se dit d'une femme qui n'a pas d'énergie.

FLOÏR, *v.* — Trembler, faiblir.

Quoi-ch' que vous m' dit's donc là, Charlotte,
Mes gambe' in *floïtt'nt* dins mes bottes!

Desrousseaux.
(Le Revidiache.)

FORT. — On dit que le beurre a le goût de *fort* lorsqu'il a perdu son goût primitif, qu'il est gâté.

FORBOUILIR, *v.* — Bouillir dans une première eau certaines choses qui ont un goût de *fort* : les choux de Douai, la raie, etc.

On dit aussi faire *forbouilir* le linge ponr le faire bouillir une première fois afin d'ôter *l' plus fort* de la saleté.

FOUAN, *s. m.* — Taupe, du latin *fodere*, fouir.

FOUÉE, *s. f.* — Bois sec que l'on met dans les cheminées pour faire un feu clair.

Il y avait autrefois dans plusieurs provinces un droit du nom de *fouage* : chaque *feu* ou ménage ne pouvait couper dans une fôret le bois nécessaire à sa consommation sans payer un tribut au seigneur.

FOUFELLE (In). — En déroute, en émoi.

Tous les habitants du Réduit
Etott'nt din' eun' fameus' *foufelle.*

Desrousseaux.
(Violette, pasquille, 2e. vol.)

FOUFFE, *s. f.* — Chiffon, de peu de valeur.

En Picardie, on désigne sous le nom de *fouffe*, une fille publique, on le dit aussi quelquefois à Lille.

Faire ses fouffes, *loc.* réussir, gagner de l'argent.

FOUFFETER, *v.* — Mal faire un ouvrage. Cela it, *Fouffeteux* et *Fouffetage* n'ont pas besoin d'ex-lication.

FOURBOU, *s. m.* — Faubourg.

« L'étymologie du mot faubourg est assez incertaine.
» On la fait dériver de l'allemand *vorburg* (forbourg);
» suivant d'autres étymologistes, avant de dire *faux-*
» *bourgs*, en latin *suburbium*, *suburbia*, on aurait
» dit *forsbourg*, en dehors du *bourg*, de la ville. »

(*Dictionnaire de la Conversation*,
Paris, 1835, 10 vol.)

FOURBOUTIER, *s. m.* — Faubourien.

FRAICHE, *adj.* — Frais, *subst.* Tisanne de ré-lisse appelée généralement *coco.*

Au p'tit cabaret *coco*
V'nez vit' vous rincez l' coco.

Desrousseaux.
(*L' Marchand d' coco.*)

Fraiche est quelquefois une interjection dubi-tive : *In v'la eun' fraiche*, dit-on d'un fait invrai-emblable qu'on avance.

FRAIQUIR, *v.* — Mouiller.

FRASO, *s. m.* — Plat de bois percé de trous ser-ant a égoutter les légumes. Ustensile de ménage.

Frasoir, pour *fraso*,
Comme aussi *rasoir* pour *raso* !!

Desrousseaux.
(*César Fiqueux l' gasconneux.*)

FRASÉE. — Plein un *fraso*.

FRAYEU, *adj*. — Qui entraîne à des frais; au féminin *frayeuse*.

FRIAND, *s. m.* — Oiseau linotte du pays.

FRIANT-BATTANT.—Aller franchement, d'une manière délurée.

Et, *friant-battant*,
On s'in va baptijer l'infant.

Desrousseaux.
(L' Petit-Parrain.)

FRICASSE (Faire). — Repas que font les petits enfants, la dinette. Ils disent aussi faire *ducasse*

FRINTE. — Perte qu'occasionne l'ébullition et la fermentation dans les liquides, déchets dans les matières solides.

FRISQUE (I fait). — Il fait froid. On dit aussi *frisquer*.

FRUSQUIN, *subst.* — Bagage de peu de valeur, dernières ressources, pauvre habillement (Escallier). Au figuré *Saint-Frusquin*, trésor amassé par le travail et l'économie.

FU, *s. m.* — Feu, lumière. *Remettre les fiers au fu*, se dit pour contracter un nouveau mariage.

FUNQUÉE, *s. f.* — Fumée. Il y a au faubourg St.-Maurice un cabaret ayant pour enseigne: *A la Funquée*. Il y avait autrefois rue des Canonniers un estaminet et une cour du nom de *Funqueriau*, selon nous endroit *plein de fumée*, où on *funquer*, fumer.

FUNQUER, *v.* — Fumer, user de la pipe.

G

G se change en *w* dans plusieurs mots.

GA. — Luron, de l'ancien mot *gars*. *Tin garchon ! ch'est un fameux ga.*

GADOUX (Z'yeux). — Faire les yeux doux.

Incor moins pour cheull crass' veufe
Qui met min cœur à l'épreufe
In m' faijant ses *yeux gadoux*...

Desrousseaux.
(Liquette.)

GADRU, *s. m.* — Espèce d'altération de *gars*, *garçon.*

GAFE, *s. f.* — Goîtreux, cou.

GAGA. — Diminutif de *gâté*, enfant gâté, grasseyer.

GALAFRE, *s. m.* — Gourmand.

GALIETTE, *s. f.* — Morceau de charbon de terre de moyenne dimension; le charbon en *galiette* s'appelle *galeteux*, *s. m.*, du latin *calculus*, caillou.

GALOCHE, *s. f.* — Jeu de bouchon. Ce jeu exclusivement réservé aux garçons, consiste à placer sur le sol un *bouch'nick* ou bouchon sur lequel on met les enjeux. Chaque joueur a deux pièces de deux sous, il en jette une aussi près que possible du bouchon, c'est ce qu'on appelle *juer d'attiquant*, et avec la seconde pièce il *buque*, frappe, de façon que l'une des pièces se trouve plus rapprochée de la monnaie renversée que le bouchon. Celui qui réussit a le tout, en cas contraire on met *au dessus d'un.* On joue encore *d' la plate* et *d' la friolate.*

GALLOCHE (Menton à).

« Comparaison triviale qui est basée sur la ressemblance
» que présente un menton proéminent avec le talon d'un
» sabot ou de la chaussure gauloise, appelée *galloche.*

Monnier.

(Patois du Jura, mémoires de la Société royale des antiquaires de France.)

GALURIAU, *s. m.* — Chercheur d'amourettes, du français godelureau.

GAMBE, *s. f.* — Jambe, du latin *gamba.*

« . . . Il ara à une *gambe* deux aniaux et chins qui
» le wardera un seul. . . »

Roisin.

(Publié par Brun-Lavainne.)

GAMBON, *s. m.* — Jambon, du latin *gambo.*

Lillois, la veille de la *ducasse* de votre paroisse ne sentez-vous pas un peu l'air guilleret du lendemain à ces cloches qui, dans leur branle, viennent vous apporter en carillonnant ces paroles de joie et de plaisir :

Du bon *gambon,*
Nous en maing'rons...
Si nous n' n'avons...
Allez cloques !

GANGNACHE, *s. m.* — Gain, salaire.

Car si j' bos ch' n'est point d' tin *gangnache.*

Brûle-Maison.

(Pasquille plaisante.)

GANTOIS. — Hospice fondé par Jean Delecambe, de Gand, en 1462, pour *treize femmes décrépites, et six religieuses pour le moins et huit pour le plus, sans l'agrément du chapitre de Saint-Pierre et sans permission du pasteur de Saint-Sauveur*, paroisse où cet hospice est situé.

GARCHON, *s. m.* — Carçon. *Garchon* est quelquefois un terme de mépris. Borel, le fait venir de l'espagnol *waro*.

Bien du contrair', mi je m' flatte
D'ête un *garchon* d'hôpita.

Desrousseaux.

(L' Garchon d'hôpita.)

GARCHONALE, *s. m.* — Petit garçon, et *garchonnière*, *s. f.*, fille qui a les manières d'un garçon.

GARDIN, *s. m.* — Jardin, ancien mot français.

Te r'passeras par min *gardin.*

(Dicton.)

GASIAU, *s. m.* — Gosier.

GASPIAU, *s. m.* — Terme de mépris. — (Voir *garchonale*).

GAUQUE, *s. f.* — Noix, *juglans*. Au figuré, et par onomatopée, une *gauque* est un claquement de mains donné sur la tête d'une personne dans le but de rire de sa frayeur et dont la détonation ressemble au bruit que fait une noix lorsqu'on la croque. Ce divertissement en usage dans nos *ducasses*, et principalement à celle de Saint-Sauveur, se perd chaque année.

GAUQUERIE, *s. f.* — Terme autrefois employé au Marché aux Poissons pour désigner l'endroit où l'on vendait le poisson qui, sans être tout-à-fait gâté, avait été jugé peu frais par l'*égard*. Cette coutume n'existe plus et c'est un tort selon nous, car au moins on savait à quoi s'en tenir sur la valeur de la marchandise, les poissonniers étant tenus de l'indiquer par un écriteau avec le mot : *Gauquerie*.

GAUQUIER, *s. m.* — Noyer.

GAVU, *s. m.* — Pigeon qui a une grosse gorge.

GENÈFE, *s. m.* — Genièvre.

GERNON, *s. m.* — Germe.

GIGEAINE, *s. f.* — Femme en couches.

GIGI, GIGIER, GIGET, *s. m.* — Jabot des oiseaux. Il se dit quelquefois d'une personne; ainsi dans cette phrase : *J' te presse l' giget*, je te presse le cou.

GLAINE, *s. f.*—Poule. Ce mot, dit M. Escallier, dérive de l'espagnol *gallina*, poule. Au figuré, on dit d'une femme négligée, endormie, que *ch'est eun' glaine*.

GLAFE (Il pleut à). — A profusion, beaucoup.

GLENER, *v. a.* — Glaner.

GLÉNEU, *s. m.* — Glaneur.

GLORIETTE, *s. f.* — Tonnelle, endroit formant un cabinet de verdure dans un jardin avec table et bancs.

« *Cabinet de verdure* est trop long, j'aime mieux
» *gloriette*. Ce dernier mot a je ne sais quoi de gai qui
» me plaît beaucoup. Qu'on n'aille pas dire que *glo-*
» *riette* ferait penser à une petite et vaine gloire, nous
» avons *gloriole* pour exprimer cette idée.

(*Flandricismes*, *Wallonismes*, Bruxelles, 1811.)

GLOUT, GLOUTE, *adj.* — Gourmand.

I n'a rien pour li :
Il est *glout* comme un cat d'ermite.

Desrousseaux.

(L' Nunu, 3e. vol.)

GLUI, *s. m.* — Glu. Pendant l'hiver les enfants pour prendre les *mouchons* mettent du *glui* sur des épis de blé.

GODAILLER, *v. n.* — Débauche des gens qui se réunissent uniquement pour boire. Formé des mots anglais *good ale*, bonne bière.

GOGO (A) — A cœur joie, à souhait, ne manquer de rien.

Du chuc *à gogo*,
Si t'es sache et qu' te fais dodo.

Desrousseaux.

(L' Canchon dormoire.)

Ce mot vient peut-être du latin *gaudium*, joie.

GOGU, *adj.* — Joyeux.

I r'vient tout *gogu*,
Alleumer sin fu.

Desrousseaux.

(L' Nnnu, 3e. vol.)

GOLE, *s. f.* — Vêtement de nuit fait d'une étoffe légère.

GORAU, *s.m.* — Collier d'un cheval de trait.

GORLIER, *s. m.* — Ouvrier qui fait le *gorau*, bourrelier.

GOURDAINES, *s. m. pl.* — Espèce de fronton

qu'on attache au haut d'un lit pour y passer les anneaux et allonger les rideaux.

> A min lit j'ai des *gourdaines*.
>
> **Desrousseaux.**
>
> *(L' vieux Rintier.)*

GOURER, *v. a.* — Tromper, attraper.

M. Desrousseaux a fait une pasquille ayant pour titre : *les deux Marieux gourés*. (3me vol., page 87.)

GRAISSIER, *s. m.* — Epicier.

M. Desrousseaux a fait une jolie chanson ayant pour titre : *l' Graissier*, dont voici le refrain :

> V'la l' parfait modèle
> Du *graissier !*
> Qu'a ch' t'heure on appelle
> Epicier.
>
> *(Mes Etrennes, 1860.)*

GRAISSERIE, *s. f.* — Épicerie.

GRAMINT, *adj.* — Beaucoup.

GRAINGNE, *subst.*—Grimace. Au village on dit *grigne*.

> « I fait des *graingnes* comme un cat qui a bu du » vinaique. *(Dicton.)*

GRAINGNARD, *s. m.* — Qui fait des *graingnes*, grimacier. Autrefois les pharmaciens mettaient à leur porte des têtes grotesques que l'on appelaient *Graingnard d'apothicaire*.

> Queu *graingnard*
> Que ch' capon d' Gaspard !
> Mon Dieu, queu *graingnard !*
>
> **Desrousseaux.**
>
> *(Mes Etrennes, 1860.)*

GRAND'CIEL (Porter à). — Deux enfants se onnent la main de manière à former un siége à un roisième qui s'y place et s'appuie sur les épaules es porteurs ; ceux-ci le promènent en chantant :

A grand'ciel,
Tous du long du ciel,
Tous du long du paradis,
Saute petite soris !

GRINGRIN (St.) — Se dit d'un chagrin, grogneur.

GRIPETTE, *s. f.* — Méchante femme. On dit ncore *serpette*, dans le même sens.

On n' vous les rindra, p'tit's *serpettes*,
Qu'avec eun' forte punition.

Desrousseaux.

(*Ronde du temps passé*, Mes Etrennes, 1861.)

GRINGUE, *s. f.* — Cerise aigre.

GROGNON, *s. m.* — Bouche.

« Ch'est du mouton, mais ch' n'est point pour tin *grognon.* » (*Dicton.*)

GROS-MORT, *s. m.* — Enterrement d'une personne riche, dont on fait le jour des messes une distribution de pains aux pauvres de la paroisse.

Su' l's aut's paroiss's cha va incor :
On a tas in temp' un *gros-mort.*

Desrousseaux.

(*Choisse et Thrinette*, 2e. vol.)

GROSSE, *s. f.* — Douze douzaines. A ce mot je ne puis m'empêcher de donner la copie du *billet de mort* de Brûle-Maison que conserve M. Gentil-Descamps, il est ainsi conçu :

MESSIEURS ET DAMES,

VOUS ÊTES PRIÉS D'ASSISTER AU CONVOY ET FUNÉRAILLES DE

FRANÇOIS

DE COTTIGNIES

Dit BRULE-MAISON, marchand Grossier en cette ville, *décédé le premier février mil sept cent quarante, âgé de soixante-deux ans, qui se feront mercredy trois dudit mois, à neuf heures, dans l'église paroissiale de Saint-Etienne, où son corps sera inhumé.*

L'assemblée à la maison mortuaire, sur la petite place.

Un DE PROFUNDIS, s'il vous plaît.

Les Dames sont priées de s'assembler dans la chapelle du Saint-Nom de Jésus, où les messes se diront pendant les funérailles.

Ce chansonnier était mercier et vendait par *grosse*, de là marchand *grossier*.

GROUAGES, *s. m. plur.* — Charbon brûlé qui n'est bon qu'à mettre sur les chemins ; mâchefer.

GROUSEILLES, *s. f. plur.* — Groseilles, autrefois *groiselles*.

GRUO, *s. m.* — Averse, pluie d'orage. *Un gruo d' mars.*

GUERNATES, *s. f. plur.* — Crevettes de mer, *cancer squilla.* — *V'la des biellés guernates!* cri des marchandes de crevettes.

GUERNADIER, *s. m.* — Grenadier. Au figuré, *tirer au guernadier*, tromper.

GUERNIER, *s. m.* — Grenier. On donne le nom de *lapins d' guernier* aux filtiers, de ce qu'ils travaillent dans les greniers qui ressemblent, par la forme de leurs croisées, aux cahutes des lapins.

GUERNOTER, *v. n.* — Palpiter, trembler ; en terme de cuisine, bouillir à petits bouillons.

GUERNOULE, *s. f.* — Grenouille. Au figuré, bourse.

GUERRET, *s. m.* — Jarret.

Et, si ell' veut ben l' l'indurer
I li gratte un pau ses *guerrets.*

Brûle-Maison.

(Sermon naïf d'un curé de Tourcoing.)

GUERTIER, *s. m.* — Jarretière. Autrefois *loïette.*

V'là que l' garchon-d'honneur, Bâtisse,
Passe d'zous l' table et va douch'mint,
Inl'ver l' *guertier!...* **Desrousseaux.**

(Le Mariage de Violette.)

GUET. — On appelait autrefois *guet*, une troupe chargée de veiller à la sûreté intérieure des villes. On appelle encore aujourd'hui à Lille *guet*, *s. m.*, un agent de police.

GUÉOLE, GAYOLLE, *s. f.* — Cage et par similitude prison, du vieux latin *galoya*, cage. En vieux français, *géole* veut dire prison.

Pour vettier, dins s' petit' *guéole*,
Un canarien qui s' réjouit.

Desrousseaux.
(*Mes Étrennes*, année 1861.)

GUEULE, *s. f.* — Bouche, du latin *gula*.

GUEULER, *v.* — Crier, pleurer en faisant beaucoup de bruit. Au figuré, manger avidement.

GUI, GÉE, *s. f.* — Levure de bière. Écume qui sort du tonneau lorsque la bière est en fermentation.

GUILLER, *v. n.* — Fermenter, qui coule. *Eun' p'lote guillante.*

GUILLEUX, *s. m.* — Marchand de levure.

GUISSE, *s. f.* — On appelle *guisse* un morceau de bois rendu pointu de chaque côté ; par analogie un morceau de pain est aussi appelé *guisse*.

GUISSE (Jeu de la). — Jeu de garçons. L'un des joueurs pose la *guisse* sur un pavé formant saillie, et, à l'aide d'un bâton dont il la frappe, il doit la lancer de façon à ce que ses partenaires ne la reçoivent que difficilement ou du moins à la plus grande distance possible. Celui qui s'en saisit, de l'endroit où il l'a reçue, la lance et cherche à atteindre le bâton posé sur le pavé servant de but.

GUINSSE, *s. m.* — Repas de fête, *lait-battu*. (Voir ce mot.)

GUITERNE, *s. f.* — Guitare, instrument de musique à cordes. Il y a, à Lille, la cour *Guiterne*.

GUIVE, *s. f.* — Figure difforme, du latin *wifa*.

GUSTIN. — Nom propre pour Augustin, au féminin *Gustine*.

H

La lettre *H* ne s'aspire presque jamais. Nous indiquons par un * les quelques exceptions que nous avons trouvées.

HABILE ! *adj.* — Prompt. On dit d'un homme vif à l'ouvrage : c'est un homme *habile*. Ce mot est quelquefois une interjection et s'emploie pour presser quelqu'un d'agir promptement.

* HACK ! — Exclamation exprimant le dégoût.

HALBRAN, *s. m.* — Mauvais ouvrier, maladroit.

> « Peut-être de l'espagnol *albardan*, fainéant. Ce mot » paraît être d'origine arabe. »
>
> **Hécart.**
>
> *(Dictionnaire rouchi-français.)*

HALLES, *s. f. plur.* — Passage ainsi appelé parce qu'il est sur l'emplacement de l'ancien échevinage, situé entre le marché aux poissons et la place du Théatre; il est spécialement consacré au commerce de lingerie.

Les campagnards appellent encore ce passage les *Vieilles-Halles*, pour le distinguer du Passage-Parisien ou *Nouvelles-Halles*, *Halles-Parisiennes*.

« BARBAZAN le dérive d'*ala*, aile, parce que les Halles « sont faites en allées, lequel vient aussi d'*ala*. »

Roquefort.

(Glossaire de la langue romane.)

HALLOT, *s. m.* — Saule. La rue de la *Halloterie* ainsi appelée de ce qu'autrefois à cet emplacement il y avait une rivière et que l'habitude était de planter des saules ou *hallots* dans les endroits aquatiques.

HAPPE, *s. f.* — Hache. (ROISIN. *Glossaire*).

HARDI! — Cri d'encouragement pour exciter des personnes qui se battent ou qui se querellent.

Tout l' mond' criot : *Hardi!* Mad'lon!

Desrousseaux.

(Nicolas, ou le baiser volé.)

HARICOTIER, *s. m.* — Petit marchand, revendeur. Au figuré, trompeur.

HARNA, *s. m.* — Appareil pour le tissage. (P. LEGRAND.) Filet pour prendre les oiseaux, les poissons, etc.

Vit', vit', min fieu, tinds no *harna*
Et nous l' prindrons au liache.

Brûle-Maison.

(La Chasse à un veau.)

* HARS, *adj.* — Hardi, ardent, féminin *harse*.

Nous croyons qu'il serait préférable d'écrire *ars*, ce mot venant évidemment du latin *ardere*, brûler.

Il paraît que cette opinion a été partagée par M. Desrousseaux, puisque dans sa chanson : *les Lingots d'or* (1er. vol.), il a écrit :

> Quand i s'agit d' rir', quand i s'agit d' graingner,
> D' tous les blancs-bonnets j' sus l' pu' *harse*.

Et que nous trouvons dans celle du *Poisson d'avril* (3e. vol.) le vers suivant avec ce mot ainsi orthographié :

> Il attrap' les femm's les pu' *arses*.

Du reste, nous trouvons dans Hécart la définition suivante : *Ars*, vif, subtil, ce mot vient de *ardre*, brûler, que nous avons perdu.

M. Pierre Legrand, dans la première édition de son *Dictionnaire du Patois de Lille*, nous donne ce mot ainsi écrit : *ars*, *arse*, et dans la seconde : *hard*, *harse*.

*HAUFFE, *s. f.* — Gauffre, prononciation flamande et qui s'emploie dans les villages de nos environs. Il serait peut-être préférable d'ecrire *wauffe*, notre patois changeant souvent le *g* en *w*. Ainsi : *anguille*, *aiguille*, font comme on l'a vu *anwille*, *aiwille*, etc.

HAVOT. — Ancienne mesure pour les grains, *havotus*. On dit proverbialement d'un domestique ou d'un ouvrier que l'on ne veut pas conserver : *I n' ming'ra point un havot d' sé à m' mason.*

HAYON, *s. m.* — Petite tente où des marchands débitent ou travaillent. Autrefois toutes les églises étaient flanquées d'innombrables *hayons* ou *échoppes*.

(*Echoppe*, vieux mot français qui dérive de l'anglais *shop*, boutique.)

Hayon, suivant plusieurs dictionnaires, est une contraction de *habillon*, *habit*. Du reste, les marchands d'habits avaient et ont encore aujourd'hui pour étaler leur marchandise des *hayons* ou *échoppes*.

M. Desrousseaux, dans sa chanson de *Patrice*, a écrit *éhon*. Nous croyons qu'il n'a adopté cette orthographe que pour mieux faire ressortir la prononciation. En effet, on ne prononce pas *hayon* ni *aïon*, mais bien *éhon*. M. Charles Decottignies écrit aussi *éhon*.

On les vot pus d' quinze à l' badine
Qui s' pourmèn'tent l' long d' chés *éhons*.

(*Les Ducasses de Lille*, 4e. recueil.)

HAYURE, *s. f.* — Haie. Prononciation *hé-ure*.

HÉRING, *s. m.*—Hareng, de l'allemand *herring*.

Les cordonniers ming'ront d's *hérings*,
Avec des bonn's gross's couq'-chucrées...

Desrousseaux.

(*Les Prédictions de m'n armena.*)

HIERBE, *s. f.* —Herbe.

« I n' faut mette d'sus sin dogt que d' l'*hierbe* qu'on
» connot. » (*Dicton.*)

HIMEUR, *s. f.* — Humeur.

HIRCHON, IRCHON, *s. m.* — Hérisson, *erinaceus europœus*.

HIRONDIELLE, *s. f.* —Hirondelle. On dit aussi *harondielle*.

HOBETTE, *s. m.*—C'est en général un petit bâtiment pour renfermer des outils ou des marchandises, mais ne servant pas à l'habitation. Ainsi, on dit l'*hobette* d'un cordier, d'un tordeur d'huile, etc.

On appelait autrefois *hobette* la maison servant de corps-de-garde aux douaniers, octrois, etc. On trouve dans plusieurs dictionnaires ce mot écrit ainsi : *aubette*. Comme le pense M. HÉCART, « cette » orthographe pourrait venir de ce que les em- » ployés l'occupent dès le point du jour. » *Aube.*

HOCHENNER, *v.* — Balancer, remuer, agiter.

HOCHENNOIRE, *s. f.* — Berceau.

Au son d'eun' viell' canchon dormoire,
On les r'muot dins l'*hochennoire.*

Desrousseaux.

(*Violette*, pasquille.)

HOCHE-POT, *s. m.*— Ragoût composé de bœuf bouilli et de carottes.

Et là, j' vos que l' mingealle abonde :
Des haricots, un plat d' *hoch'-pot*...

Desrousseaux.

(*Les Lingots d'or.*)

HONAINE, *s. f.* — Chenille. Il y a, à Lille, la rue des *Sept-Honaines.*

Fergu comme eune *honaine.*

Brûle-Maison.

(*Le Baudet soldat.*)

HOPITA, *s. m.* — Hôpital.

J'ai servi dins les pupilles,
In vrai garchon d'*hôpita.*

Desrousseaux.

(*L' Garchon d'hôpita.*)

HOULE, *s. f.* — Houille, charbon de terre.

HOUPETTE, *s. f.* —Petite houpe. Nous ne donnons ce mot que parce que dans notre patois il est employé comme exclamation de dédain : *V'la eun' biell' houpette!* dit-on lorsqu'une personne vous fait cadeau d'un objet de peu de valeur.

HOUSETTES, HOUSEAUX, *s. m. plur.* — Espèces de guêtres venant jusqu'aux genoux pour garantir le bas des pantalons. « De l'allemand *houser*, botter. » (P. LEGRAND.)

Je suis marchand alérte,
Quand j'ai mes *housettes.*

Brûle-Maison.

(Les Amours d'un Tourquennois.)

HUBERT (Voir), *loc.* —Etre ivre, sot.

HUIS. —Porte, d'où huissier. Ancien mot français *ostium*. Dans les Vosges on dit *fremi l'heuche*, pour fermer la porte. A Valenciennes on dit *l'huche*. HÉCART le fait venir du flamand *huys*, qu'on prononce *heus*.

HUIS (Cloeu d').— Manière de désigner autrefois les portiers.

En étandis qu' t'éto *cloeu-d'huis*
A chés Jacobins de Paris.

M. F. F.

(Le 18 Brumaire.)

HUREUX, *adj.*— Heureux. Ancien mot français.

HURLUS. — Confédérés de Menin, qui furent repoussés par Jeanne-Maillote, cabaretière du *Jardin-de-l'Arc*, et par quelques confrères de Saint-

Sébastien, le 22 juillet 1552, lorsqu'ils vinrent pour surprendre la ville de Lille (1).

HURTEBISE. — Maison de ferme située sur une hauteur, ainsi nommée, sans doute, parce que le *vent de bise* vient *hurter* contre.

Plusieurs cabarets des environs de Lille ont pour enseigne : *à l'Hurtebise*. Ordinairement cette enseigne représente un cavalier dont le cheval a l'allure du galop et qui est censé *hurter* le vent de *bise*. (Prononcez *bisse*).

HURTER, *v. a.* — Heurter, frapper, choquer, toucher.

HUVETTE, *s. f.* — Diminutif de *huve*, coiffure de femme. L'*huvette* est le bonnet de nuit des gens de la ville, mais au village on le porte encore dans le jour.

HYBERNOS. — Hybernois. Pauvres enfants de l'Irlande ou *Hybernie* qui avaient à Lille un collége fondé en 1610 par Jean Morel pour y être instruits dans la foi catholique. Ce collége était situé rue de la Vignette, près du pont qu'on appelle encore aujourd'hui *pont des Hybernos* ou *Hybernois*.

Un des principaux revenus de leur maison était le privilége qu'ils avaient de porter les morts en terre.

---

(1) Voir à ce sujet l'*Histoire de Lille*, par M. Victor Derode, 3 volumes, et la chanson intitulée : ***Jeanne-Maillotte***, par M. Desrousseaux.

I

I remplace l'*e* dans un grand nombre de mots français commençant par *en*, *em*, etc. (V. la lettre *E*.)

Dans les mots terminés par *eau*, le patois change l'*e* en *i*. Ainsi : *lourdeau*, *bateau*, font *lourdiau*, *batiau*, etc.

IAU, *s. f.* — Eau, *aqua*.

ICHI. — Ici, en cet endroit-ci.

IMBLAVER, *v.* — Embarrasser, mettre le désordre.

IMBLAVES (Faire des). — Faire beaucoup d'embarras.

IMBORGNEUX, *s. m.* — Maladroit.

Mais si je m' tais, m'n affaire est claire,
Vous allez m' traiter d'*imborgneux*.

Desrousseaux.

(L'Habit d' min vieux grand-père.)

IMBORGNEUX D' PUCHES, *s. m.* — Dans cette locution, *imborgneux* s'emploie pour éborgneur. Dans tous les cas, ce ne peut être qu'une antiphrase, car celui qui saurait éborgner une *puche* (puce) ne serait pas déjà si maladroit.

IMBU (Etre). — Etre légèrement pris de boisson, du latin *imbutus*.

IMPOISSE, *s. m.* — Empois, amidon.

INCRACHER, *v.* — Engraisser.

INCRACHOIRE, *s. f.* — On donne ce nom, au village, à une certaine maison ou cabaret dont la réputation n'est pas trop bien établie. C'est une espèce de maison de rendez-vous.

INCRANQUER, *v.*— Accrocher. Au figuré, être dans une position gênée.

IN' DA. — Il y en a.

INDÈVER (Faire). — Vexer, mettre à bout. — *Indiabler* et *inmarvoyer* ont la même signification.

INDUQUE, *s. f.*— Education. Avoir de l'*induque et de l'instruque. Induque* ne s'emploie que dans cette phrase, je ne sais pourquoi. On dit toujours *éduquer* ou bien *être écolé*, pour donner ou avoir de l'éducation.

INFACHEINNER, *v.* — Emmaillotter.

Ell' vot qu' ch'éto' un p'tit mioche
Infacheinné
Abandonné.

Desrousseaux.
(Violette, 2e. vol.)

INFANT, *s. m.*— Enfant, du latin *infans*.

INFARDELER, *v.* — Envelopper. Ce mot, dit M. Pierre LEGRAND, vient de *fardel*, fardeau, farde. On le trouve dans FURETIÈRE : il a le sens d'empaqueter. *Comme il est infardelé*, dit-on de quelqu'un mal habillé.

INFENOUILLÉ (Être). — Etre très-embarrassé, ne savoir quel parti prendre.

Ce mot figure on ne peut mieux l'état d'une vigne enveloppée de la plante grimpante que l'on nomme *fenouil.*

INFIER, *s. m.*— Enfer.

INFILER, *v.*— Attraper, tromper.

INFILURE, *s. f.* — Terme ironique. *Avoir eun' drôle d'infilure,* une mauvaise manière de faire une chose.

INFONDRER, *v.*— Enfoncer.

INGÉLÉ, *adj.*— Qui a froid, pris de la gelée.

INGUER, *v.* — Viser, chercher à atteindre un but.

INGUEUSER, *v. a.*— Tromper par flatterie.

INHORTER, *v.*— Tromper une jeune fille.

— Quoich' t'as, Mad'lon, t'es donc bien trisse ?
— Awi, va, Zanzante a *inhorté* m' fille.

INNOCHINT. — Innocent. Prononcez *Einnochint.*

INJOLEUX, *s. m.* — Trompeur, enjôleur.

Eun' malheureus' figure
Ch'est cheull' de ch' l'injoleux.

Desrousseaux.

(Le petit Doigt, 3e. vol.)

INROSTER, *v a.*—Fatiguer, ennuyer quelqu'un.

INROSTER (S'), *v. p.* — Se soûler.

Et, se r'ssouv'nant du jour de d'vant,
I n' s'*inroste* pus qu'à mitan.

Brûle-Maison.

(Sermon naïf d'un curé de Tourcoing.)

INSENNE, *adv.*—Ensemble, en même temps.

Il' on' eu les poquette' *insenne*,
Insenne ont fait leu communion.

Desrousseaux.
(Histoire de P'tit-Price.)

ISORÉE. — Se dit d'une personne qui fait la précieuse, l'importante, la mijaurée.

INTER. — Entre, c'est le mot latin *inter*. — *Interdeux*, entre-deux; *interpite*, intrépide; *interlardé*, entrelardé; *inter nous*, entre nous.

INTRIGANT.—S'emploie pour habile, adroit, qui a du savoir-faire. C'est dans ce sens que M. Desrousseaux l'a employé dans sa chanson du *Petit-Parrain* :

I s' fait rhabiller
Dins l' ru' des Morts, par un fripier,
Qui trouve à propos
Eun' capote à l' propriétaire,
Et li dit : « Min gros,
Queull' bonn' pièch' que t'aras su' l' dos!
Cha t' va comme un gant!... »
Ah! queul *intrigant!*
J' vous assur', mes gins,
Qu'on n'n arot mis deux comm' li d'dins!

INTURLU (Boire à l').— Boire en chantant, en turlure.

INTUSER (S'), *v. pr.*—S'appliquer, s'absorber dans un travail quelconque,

INVOLÉ, *adj.* — Qui est volage.

J

J se change en *g* dans quelques mots; ainsi : *jarretière*, *jambon*, *jardin*, font : *guertier*, *gambon*, *gardin*.

J remplace l'*s* dans beaucoup de mots; ainsi : *tison*, *prison* font *tijon*, *prijon*, etc.

JACOTIN, *s. m.* — Espèce de *capot*.

JACQUART. — On nommait ainsi la cloche de la retraite en souvenir d'un vigilant commissaire de ce nom, qui avait pour habitude de faire une ronde dans les cabarets, quand cette cloche sonnait. *V'là Jacquart qui sonne !*
Eugène-Honoré-Louis Jacquart, né à Lille, le 25 décembre 1756, nommé commissaire de police de cette ville, en 1793, admis à la retraite en 1826, mort le 3 décembre 1829.

« Hélas! des deux *Jacquart* qui faisaient l'ornement
» de la ville de Lille, l'un est mort, l'une est muette. »

Brun-Lavainne.

(Mes Souvenirs.)

JAPE, *s. f.* — Babil. *Avoir de l' jape*, parler beaucoup. Il y a près de Lille un hameau du nom de *La Jape*, voisin de celui de *La Frodure* et de *Thumesnil*.

JAUSER, *v.* — Jauger, vérifier, mesurer. — *La Jause*, vérification des poids et mesures.

JO ! —Joie ! Exclamation ou cri de triomphe des archers à la perche lorsqu'ils abattent l'oiseau. Du latin *io*.

JOBRE, *s. m.*—Nigaud ; *joblin* a le même sens.

JOCQUER, *v. n.* — Tarder, rester longtemps.

JOCQUER, *v. n.* — Cesser, finir, être en repos.

« *Jocque !* cha veut dire arrête. »

(Dicton.)

JOLI, *adj.* — Ce mot est français, mais en patois on l'emploie dans le sens de *bon*. Ainsi on dit très-bien : *Je vous offre un joli verre de bière.*

JOLI-COEUR (S'appeler), *loc.*—Ne pas avoir pris part à un partage, un héritage quelconque auquel on croyait avoir des droits.

JONNE, *adj.* — Jeune; il vieillit, on prononce maintenant comme en français.

J'TOT, *s. m.* — Fronde.

Vivent les Mad'leinnos,
Man mère,
Vivent les Mad'leinnos !
A la batalle à cops de *j'tos*,
Vivent les Mad'leinnos !

Refrain que chantaient les enfants de la paroisse de la Madeleine en allant à la *bataille* contre les enfants des autres paroisses. Chaque paroisse avait le sien.

JU ou JUS, *part. adv.* — Bas, à terre. *Ruer ju*, *querre ju*, jeter, tomber à terre, en bas.

JU, *s. m.*— Au jeu de cartes on dit *ju* au lieu de *point.*

> In criant : « Biau mariage,
> Faut marquer deux *jus !* »

Desrousseaux.

(Souvenirs de Lille, 1er. vol.)

> « L' *ju* n' vodrot point les candelles.

(Dicton.)

JUER, *v.* — Jouer.

JUPON, *s. m.*—Vêtement de femme. On donne encore le nom de *jupon* à la *veste*, la *jaquette* que portent les hommes de la campagne.

JUSQU'A, *prép.* — On en supprime souvent la première partie. Ainsi : *Qu'à tant? Qu'à d'main.*

K

KARMESSE, *s. m.*— Kermesse. (Voir *Ducasse.*)

KERCHI, *p. p.*—Chiffonné.

> Ah! biau p'tit moucho, qui n'as point d' bordure,
> Moucho tout *kerchi*, par ses dogts si blancs...

Desrousseaux.

(L' Moucho d' Liquette.)

KERCHIR, *v.*— Chiffonner, plisser, rider.

KERQUE, *s. f.* — Charge, fardeau.

KERQUER, *v.*— Charger.

KOUQUE, *s. f.* — Gâteau fait de farine délayée avec du lait.

Il serait préférable d'écrire *Kouque* par un *k* que ar un *c*, ce mot venant de l'allemand *kucken*, pâsserie. (Voir *couque-baque*). Au reste, il en est de e même de beaucoup de mots que l'on écrit généalement par un *c* ou par un *q*.

KRAENE, *s f.*— On nomme ainsi à Lille la grue ervant à décharger les bateaux qui arrivent au uai de la Basse-Deûle.

Les ouvriers de la *kraene* forment la corporation ite des *vingt-hommes*. Elle est commandée par un rigadier.

L

LA. — Voilà. *La Lilique.* Voilà Angélique.

LAICHER, *v.*— Laisser. On dit aussi *layer*. *Layer* est un vieux verbe français. Il signifie pernettre, remettre, différer, prendre un *délai*.

LACHOIRE, s. *f.*— Tricoteuse.

LAIDAIN.— Laid, vilain ; au féminin *laidaine*. On dit aussi *laidou ;* ce dernier mot n'a pas de éminin.

LAIGNE, *s. m.* — Bois à brûler. On appelait utrefois *laigner* un marchand de bois destiné au hauffage.

Laigne, se trouve dans le *Glossaire* du livre de Roisin, publié par Brun-Lavainne.

LAINERON, *s. m.* — Lange d'enfant, nommé aussi *pichou*.

On li-a donné l' nom d' Violette
Pa c' que cheull' fleur su sin *lain'ron*
Etot brodée in points d' chaînette
Avec de l' soie et du coton.

Desrousseaux.

(Violette.)

C'est aussi le nom de la cloche de la retraite. Lille. (Voir *Vingneron.*)

LALA (Câtiau d' madame). — C'est le jeu du *château du corbeau.* (Voir BESCHERELLE aîné. *Jeux chez tous les peuples du monde*).

Ell' juot n'importe à queu ju :
A l' *bleuss'-main*, à l' *corde*, à l' *raquette*,
A *mucher*, comme au *métier-maite*
Et l' *catiau d' Madomme Lala.*

Desrousseaux.

(Marie-Claire)

LALIE. — Nom propre, pour Rosalie et Eulalie.

LAIT-BATTU, *s. m.* — Lait de beurre. On l'appelle encore *potache*, *guinsse* et *lait-buré*.

Il y a dans l'ancienne commune de Fives un lieu dit : du *Lait-Buré*.

LAMPER, *v.* — Boire, *lambere.*

LANCHURE. — Lorsque, éprouvant un mal quelconque, on ressent des picotements, on dit qu'on a des *lanchures*, ou bien que *cha lanche.*

LAPIDER, *v.* — Ce mot ne signifie nullement comme son homonyme français assommer à coups pierres ; il a le sens de tourmenter, faire souffrir quelqu'un par de mauvais traitements. Aussi dit-on d'un homme que l'on malmène ordinairement : *c'est un pauv' lapidé.*

LANCE (Faire l').— Voler au jeu. Celui qui fait *lance* est appelé *l'lancier*, quand on le voit venir, on crie :

Uche, uche, là l' lancier.

LARI, *s. m.*— Joie bruyante, plaisir.

Quand j'étos jeun' fillette,
Ah! qu' j'avos du plaisi,
Je n' pinsos qu'à m' toilette,
A l'amour, au *lari.*

Desrousseaux.

(La Femme du perruquier.)

LANGREUX, *adj.*— Maladif, languissant, *lanquere.*

LÉBOULI, *s. m.* — Bouillie.

LEMCHON, *s. m.* — Limaçon.

LÉQUER, *v.*— Lécher. On dit aussi *pourléquer*, mais ce mot exprime une action plus forte que *léquer.*

LESQUIN (Molin d'). — Le plus célèbre de tous les moulins des environs de Lille est sans contredit celui de Lesquin. On sait ce que c'est qu'un coup d'aile du moulin de Lesquin....

Un jour le fils du meunier de Lesquin étant à jouer sur la butte natale, un coup d'aile du moulin le frappa au front et le rendit fou. Depuis ce temps, lorsque la raison d'une personne se perd, ou bien encore lorsqu'un indigène affecte des manières prétentieuses, on ne manque pas de s'écrier en désignant du doigt : *Il a passé d'zous l' molin Lesquin, il a r'chu l' cop d'aile.*

LEU. — Loup, *lupus.*

In parlant du *leu* i moute s' queue.

(Dicton.)

Biaux chires *leups*

La Fontaine

Saint-Leu pour *Saint-Loup.*

LEUMER, *v. a.* — Allumer.

LEUMEROTTE, *s. f.* — Petite lumière, fe[u] follet.

D'un bou' à l'aut' de not Grand'Place
Cheull' *leum'rotte* on apercevot.

Desrousseaux.

(Brûle-Maison, 1er. vol.)

LEUNETTES, *s. f. p.* — Lunettes.

Triute-six *leunettes* et l' nez dessus i n'y vot qu' du fu.

(Dicton.)

LEUNETTES (Faire des). — Faire certain ges[te] que les Parisiens nomment *pied de nez.*

LEURRE, *s. f.* — Trompeuse.

Ah! te v'là donc r'venu biell' *leurre !*
J' t'attind' ichi tout d'puis neuf heures...

Brûle-Maison.

(Pasquille plaisante.)

LEZ. — A côté, auprès, près, de *latus.*

LEZ A LEZ. — A côté l'un de l'autre.

Je descendis en l'herboie (la prairie)
Lez li (près d'elle) scoir m'en alai.

Arthur Dinaux.

(Trouvères de la Flandre et du Tournaisis.)

I, *p. p.* — Lui. On dit *mi*, *ti*, pour *moi, toi.*

I. — Participe passé du verbe lire; *lu.*

IACHE, *s. m.* — Liasse, lien, filet, lacet.

ICHE, *s. f.* — Lice, femelle d'un chien.

I n'i avo des *liches* caudes
Parmi tous chés quiens.....

M. F. F.

(Pétition des Quiens.)

LILIQUE. — Nom propre, contraction d'Angé-
ne. *Liquette*, diminutif de *Lilique.* On dit la
uette de Desrousseaux, comme la *Lisette* de
ranger.

Ch'est bien mi qu'on appelle *Liquette,*
L' *Liquett'* de ch' fameux Desroussiaux
Qui vous a fait vidier pus d'eun' canette
In acoutant tous ses couplets si biaux.
De ch' gai luron pus d'eun' Lilloisse est fière
Quand, avé s'n homm', ell' roucoule eun' canchon,
On n' trouv'ra pus sin parel su' la terre;
Ch'est bien aut' coss' que l' grand-pèr' Brûl'-Mason.

Delobelle.

(La Liquette de Desrousseaux.)

LIMÉRO. — Numéro. On dit encore *niméro.*

LIMOUSINE, *s. f.* — Manteau que portent les
bitants de Limoges et qui est porté ici par les cul-
teurs et charretiers.

LINCHEUX, *s. m.* — Linge, drap de lit, linceul.

LINGUE, *s. f.* — Langue, du latin *lingua.* Ce
ot s'emploie plus particulièrement au village.

LISTE, *s. f.* — Bord, lisière, de *litura* selc BOREL; en bas latin *lista*, roman *liste*.

LISTON, *s. m.* — Ruban servant à serrer ceinture de la culotte. Ce mot vient de l'espagnol

Ti, rem'me en pau le biau *liston*,
Que j' t'ai baillé pour mette à t' maronne.

Brûle-Maison.

(*L'Amour détiqué et ratiqué.*)

LIT (Aller à sin), *loc.* — Faire ses couches.

LIVRANCE, *s. f.* — Livraison.

LOIER, *v. a.* — Latin *ligare*, *loien*, lien, *loï che* et *liache*. (Voir ce mot). — Action de lier.

LOMBARD, *s. m.* — Nom populaire du Mon de-Piété. *Grand-Lombard*, maison-mère, et *P'ti Lombards*, bureaux des commissionnaires.

« *Lombards*, marchands de Lombardie qui vinr
» s'établir à Paris à la fin du XIIe. siècle dans la rue
» porte encore leur nom. On a aussi appelé *lombar*
» les prêteurs sur gages et les maisons où s'exerçait
» genre de spéculation. »

(*Dictionnaire de la Conversation.* Paris, 1855, 10 v

LOMBARDIER, *s. m.* — Commissionnaire Mont-de-Piété.

LOMMELET. — Hameau de Marquette où trouve un hospice pour les aliénés gardés par l Frères de Saint-Jean-de-Dieu.

LON. — Se dit pour loin.

Les enfants de Lille ont un jeu où ils se serve

e mot. Ils se divisent en deux bandes. L'une
, en marchant à reculons :

> Li, li, caroli,
> Est i *lon* assez?

tre répond, en s'éloignant comme la première :

> Non, non, carolon,
> Un p'tit pas pus *lon*.

s les deux bandes reviennent à la course, en
nt : *Au fu! au fu!* et se réunissent.

LONGIN, *s. m.* — Lent, nonchalant.

> *Saint Longin*, patron des *Lambins*.
> (*Dicton.*)

LOQUE, *s. f.* — Haillon. Ancien mot français.
oqueté se dit pour *déguenillé*.

> Deux *loques* mouillées n' peut'te' point s' ressuer.
> (*Dicton populaire cité par* **Hécart.**)

LOQUETTE, *s. f.* — Petite *loque*.

> Quoiq' te n' sos qu'eun' méchant' *loquette*,
> On n' t'arot point pour un bon gambon.
> **Desrousseaux.**
> (*L' Moucho d' Liquette.*)

LORIOT (Compère). — Orgelet, petite tumeur
i se développe sur le bord des paupières et qui a
forme d'un grain d'orge. Oiseau.

> T'a piché à l' porte du curé, t'a un *compère-loriot*.
> (*Dicton.*)

LOT, *s. m.* — Double-litre. (Voir *Canette.*)

LOUCHE, *s. f.* — Cuiller de bois avec laquel on mange le *lait-battu.*

On appelle *louche*, la cuiller à pot avec laquel on sert la soupe : *l' louche d'argint*, *l' louche d' bo*

LOUCHE.— La Housse (place de), près de la ru Saint-Sauveur, où se tient un marché deux fois semaine.

LOUCHIE, *s. f.* — Cuillerée, plein une *louch*

LOUCHET, *s. f.*— Bêche pour remuer la terr roman *lochet.*

LOURDIAU.— Lourdeau, du bas latin *lurdus.*

Min *lourdiau* répond comm' cha :
« Si t' n'in veut point laiche-l' là. »

(*L' Marquis d' Bielle-Humeur,*
chanson de carnaval 1861.)

LOZARD, *adj.*— Paresseux. Féminin *lozarde*

LU.— Abréviation de lumière.

J'ingelle d' frod, sans fu ni *lu.*

Brûle-Maison.

LUIJEAU, *s. m.*— Cercueil ; latin *lugere*, ple rer, vieux mot français.

D'un jour aussi biau,
Je m' souven'rai dins min *luijeau.*

Desrousseaux.

(*Le Lundi de Pâques.*)

LUNDI DE PAQUES. — Comme toutes l autres fêtes, le Lillois aime le lundi de Pâques.

On ne voit plus, comme autrefois, ce jour-là d

cinq heures du matin à cinq heures du soir, des milliers de pélerins parcourant la route de Loos, si vous l'aimez mieux les cantines, les guinguettes et les cabarets qui bordent les côtés du chemin, en ce jour d'amusement, de résurrection du printemps et de la *Nouvelle-Aventure*, de la renaissance des lilas et des pantalons blancs (qui sont de rigueur), en ce beau jour, où il pleut ordinairement. Mais bah! quand même le thermomètre marquerait un froid de dix degrés, le *lapin d' guernier* et *s' particulière* endossent des vêtements d'été et s'en vont *à la badine*, en pélerinage à Notre-Dame de Grâces.

En arrivant sur la grande place de Loos, un spectacle curieux les attend dès l'aube du jour; car déjà une épaisse cohue se presse de toutes parts et inonde les alentours, au point qu'il faut, pour se faire une petite place, *jouer fièrement des coudes*. Les violons râclent des airs de quadrille, et l'on entend trépigner en cadence sur le plancher, dans les greniers des cabarets, où l'on aperçoit les danseurs qui s'en donnent à cœur-joie.

Voici un Alcide qui soulève pas mal de kilog. — *Cha n' vaut point Chacharles*! dit un habitant de la cour du Pourpoint-d'Or, ancien admirateur idolâtre de l'Hercule du Nord.

Voici un marchand d'habits tout faits, un peu *supportés*, il est vrai; mais pour 4 fr. 50 c., cet honnête industriel vous rhabille de pied en cap. — Plus loin, c'est un descendant de *Pinard* et de *Colas*, un marchand de pommes de terre cuites, quoi! et de *fav' lottes*.

Là, c'est un mendiant qui étale ses hideuses plaies à côté d'un marchand de pâtisseries plus ou moins fines... Un débitant de médailles, près d'un escamoteur ou d'un marchand de macarons.

Turlututu ! capiau pointu !... D'où partent ces cris? Ah ! c'est une troupe de *bindits*, qui imitent à ravir les cris des clowns-farceurs qu'ont offert à leur admiration les cirques de Lalanne et de Loiset.

Voici maintenant des jeux de toutes sortes, des tirs au fusil, à l'arbalète, au casse-pipes ; voilà les traditionnels chevaux de bronze, à la crinière rouge-feu; et mille autres divertissements.

Voici les chercheurs *à z'œufs !* l'un pousse une brouette, l'autre y est attelé, tandis qu'un troisième repose fort tranquillement étendu en travers du véhicule sus-nommé, et se laisse brouetter ; tous trois ont les yeux bandés. Les témoins suivent et sont tenus de crier : *Casse-cou !* lorsqu'un danger menace les opérateurs.

Mais, hélas ! nos trois hommes arrivent près d'un fossé bourbeux, où croupit une mare infecte et verdâtre. Le malheur, ce dieu perfide, veut qu'ils s'y dirigent avec une telle rapidité, que les témoins n'ont pas le temps de pousser le cri de rigueur « *casse-cou !...* » et l'attelage se précipite dans la vase !... Vous dire les éclats de rire des assistants, les imprécations des victimes, serait chose impossible.

Quoiqu'il en soit, les chercheurs *à z'œufs*, après mille efforts, parviennent enfin à regagner la crête du fossé et vont se mouiller en dedans, pour faire sécher le dehors, au cabaret du *Douanier*.

Ce jour-là, les traits de l'ouvrier *rigoleur* sont épanouis; il chante, il rit, il débite des propos équivoques à tous les passants ; mais on lui pardonne, le liquide a produit son effet...

Puis, quand il est gorgé de jouissances et de macarons, saturé de félicité et d'œufs de Pâques, il revient à Lille, comme il s'en était allé.

Il nous faudrait aujourd'hui quelque moderne TÉNIERS (1) pour retracer nos *ducasses* et nos *kermesses*, parmi lesquelles pourrait figurer le lundi de Pâques. Prenons patience, un Téniers se présentera peut-être un jour; en attendant, nos fêtes s'en vont!!...

LUNES, *s. f. pl.* — Boucles d'oreilles rondes.

LUSOT, *adj.* — Ce mot répond à *Musard*, mais il exprime une action plus forte que le mot français.

I n'est ni méchant, ni soûlot,
Ni paresseux, ni sot;
Mais, pour tout dir' d'un seul mot,
I n'y a point d'parel *lusot*.

Desrousseaux.
(Batisse l'Lusot.)

Nous avons le verbe *lusoter*.

M

La lettre *m*, prononciation ordinaire.

MABRE.—Petite boule de terre cuite, de pierre,

(1) C'est dans les amusements de cabarets que TÉNIERS a pris les sujets de la plupart de ses Fêtes Flamandes.

de stuc, d'agate ou de marbre; ce qu'on nomme ailleurs : *bille*, *gobille*, *globille*. (Voir *Quenecque*.)

MABRÉ, *adj.*— Marqué de la petite vérole. Au féminin *mabresse*.

> Un biau *mabré* n'est mie laid.
>
> *(Proverbe lillois.)*

On dit encore les *poquettes* pour la petite vérole. Ce mot vient probablement du flamand, *kinderpokken*.

MACAUX, *adj.* — De plusieurs couleurs, maîs où le roux domine.

> « Le pain de ménage sera composé de deux tiers de
> » blé blanzé et un tiers de blé roux ou *macaux*, sans
> » extraction de fleur ni de son. »
>
> *(Arrêté du Maire de Lille, 29 octobre 1855.)*

MAC-AVULE, *s. des deux genres*. (Voir *Avule*.)

MACHE, *adj.*— Méchant.

> Pindant deux heur', infin, cheull' *mach'* commère,
> M'a défilé sin cap'let, grain par grain...
>
> **Desrousseaux.**
>
> *(Conseils à une jeune fille)*

On dit aussi *maie* dans le même sens, mais rarement à Lille.

MACHON, *s. m.*— Maçon.

> « A la procession de Lille, 1562, les *machons* avoient
> » la figure dixième : Comment la manne du ciel des-
> » cendit sur les enfans d'Israël. »
>
> *(Manuscrit de la Bibliothèque publique de Lille.)*

MACHONNACHE, *s. m.* — Maçonnage, travail du *machon*.

MACHONNER, *v. a.* — Maçonner. Au figuré, travailler grossièrement.

MACHUQUÉ, *adj.* — Noirci par l'effet d'un coup.

MACHURÉ, *adj.* — Noirci, barbouillé.

L'octave des Rois, que nous appelons dans le Nord *parjuré* et *jour des rois brouzés*, se nomme dans la Moselle *jour des rois machurés*.

Nous trouvons dans RABELAIS, *Maschouré*, qui a le visage noirci.

MACLOTTES, *s. f. pl.* — Grumeaux. Le lait caillé est à *maclottes*.

MADOUILLER, *v. a.* — Manier malproprement, de l'ancien français *madouler*.

MAFLANT - TE, *adj.* — Ennuyeux. Substantivement importun, déplaisant, fâcheux, incommode, qui cause de l'ennui.

M. DESROUSSEAUX a fait une chanson sur les *Maflants* (2e vol., p. 131).

Il y avait à Lille une réunion chantante ayant pour titre : *les Maflants*.

MAFLER, *v.* — Ennuyer, fatiguer une personne par ses discours, ses questions, déplaire par ses assiduités, importuner.

MAFLÉ, MAFLU. — Qui a un visage gros et gras.

MAJEMINT, *adv.* — Mal.

I va bien *maj'mint* pour la France ?
Les Béduins ont fait résistance...

Desrousseaux.
(Le Revidiache.)

MAGAS (Parler). — (Voir *Gaga*).

MAGON, *s. m.* — Maladroit.

MAGONNER, *v.* — Faire maladroitement une chose.

MAGRITE, *n. p.* — Contraction de Marguerite.

J' vos mes infants bien heureux in ménache,
Et m' viell' *Magrite* m' conserver s'n amour.

H. Six.

(Paraphrase des quatre Ages du cœur.)

MAGUETTE, *s. f.*— Chèvre, femelle du bouc.

Mi, j' proposs' qu'on mette eun' *maguette*
Sus l' monumint.

Desrousseaux.

(Histoire de Lidéric et Phinard.)

M. Hécart fait venir ce mot du « flamand *maegd*, » vierge, pucelle, et *geyte*, chèvre; chèvre qui n'a » pas encore porté. »

MAHOU, *s. m.*— Chat *matou*. Figurément godelureau.

Et, pour vous, biau *mahou*,
Min cœur brûl' comme d' l'amadou.

Desrousseaux.

(Une Aventure de carnaval.)

MAI. — Autrefois à Lille, les ouvriers maçons, couvreurs, etc., attachaient sur la façade de la maison de leur patron plusieurs branches d'arbres (*mai*) le jour de la fête du *corps de métier*. Au milieu de ces branches on voyait le *blason*, ou carte sur laquelle était représentée le saint sous le patronage duquel était placée la corporation.

MALADERIE.— Hôpital de lépreux qui se trouvait dans la rue des *Malades*, aujourd'hui rue de Paris. On l'appelait aussi *léproserie*.

> « Louis XIV lui attribua (à l'hôpital Saint-Sauveur)
> » les biens d'une *maladrerie* ou hôpital de l'Epreux
> » fondé par la même Comtesse (Jeanne de Constanti-
> » nople), d'où la Porte de la ville qui y meine porte le
> » nom des *Malades* avec la rüe qui y abouti où sont les
> » principaux Marchands. » **Tiroux.**
>
> *(Histoire de Lille*, 1728.

MALPART (Prendre en). — En mauvaise part. Nous avons à Lille la rue *Malpart*.

MALVA, *s. m.* — Mal bâti, qui *va mal*.

MAMOUR. — Contraction de *mon amour*. On appelle *grosse-mamour* une fille bien portante et à l'air réjoui.

MAMULOT - TE, *s.* — Imbécile.

> L' *mamulot* s' met vite in colère,
> I li dit : Coquine ! te veux m' faire....
>
> **Desrousseaux.**
>
> *(L' Nunu.)*

MANCHES D'VESTE (Avoir les gambes in), *loc.* — Se dit d'un cagneux.

MANDE, *s. f.* — Manne, grand panier. En français *mande*, panier pour la terre à pipe.

MANÉE, *s. f.* — Ce que la main peut contenir. Droit de mouture, partie de blé que l'on porte au meunier.

Chaque meunier a un domestique qui va de maison en maison chercher les *manées* ; on le nomme *cacheu d' manées*.

MANOQUEUX, *s. m.* — Individu qui exerce plusieurs professions.

« Ainsi le filtier qui le dimanche fait des barbes à six » liards, ou qui raccommode des pendules de bois, est » un *manoqueux.* » **Desrousseaux.**

MANTIAU, *s. m.*—Manteau. « Du celtique *mantell.* » (HÉCART.)

MANUEL. — Pour Emmanuel. Ancienne cloche du beffroi, fondue en 1578.

De nos jours, on nomme encore *Manuel* les œufs de Pâques que l'on commence à distribuer aux enfants le samedi-saint, au retour des cloches.

MAQUE, *s. m.*— Bout d'un bâton de voyage ou d'une flèche à tirer l'oiseau à la perche.

Ce mot est probablement une contraction de *marque*, attendu que ce bâton laisse une empreinte, une marque à l'endroit où on le pose.

MAQUÉRIAU, *s. m.* — Maquereau, poisson. *Scomber.— Là des biaux maquériaux !* Cri des marchandes de poissons.

MAQUILLER, *v. n.* — Cracher à petits coups. (Voir *Démaquiller.*)

MARALLE, *s. m.*— Petit enfant, gamin.

MARCOU (Ma d'Saint-). — Ecrouelles, scrophules, c'est-à-dire qui *marque au cou.*

MARÉE, *s. f.*— Quantité de blés qu'un fermier apporte au marché.

MARÉCHAU, *s. m.* — Maréchal. On dit aussi *marichau.* Roman *marescaux*, et *marescaude* la femme d'un maréchal.

MARIACHE (Jeu de).— Jeu de cartes.

Lorsqu'on a un roi et une dame de la même couleur, on a un *mariache*, c'est un *ju* (point), et on marque deux *jus*, lorsque l'on a celui de l'*atout*. (Voir *Atout* et *Ju*.)

MARLETE, *s. f.* — Terre mélangée de *marle* (marne). La *marlète* se mélange au charbon de terre.

MARONNE, *s. f.* — Culotte. MM. P. LEGRAND et ESCALLIER font venir ce mot du latin *mas*, *maris*.

MARONNER, *v.* — Se dit pour vexer.

Cha n'impêche' point qui *maronne ;*
Qu'à chaq' minute i bertonne;
Il a mêm' l'air de bisquer
Quand i n' peut rien critiquer.

(L' Marquis d' Bielle-Humeur,
chanson de carnaval 1861.)

MAROTTE, *s. f.* — Poupée. Au figuré, petite fille.

MARQUÉ, *s. m.* — Marché.

MASON, *s. f.* — Maison. A la campagne on dit *majon*.

MASTELLE, *s. f.* — Gâteau arrondi et plat. Ce mot vient peut-être du bas latin *wastellus*, gâteau.

MASTOUCHE, *s.* — Graine de capucine.

MATE, *adj.* — Fatigué. (Voir *Amatir*.)

MATON, *s. m.* — Grumeau qui se forme lorsque le lait *matonne* (se caille) en le faisant bouillir.

Au fond, au fond, les *matons* y sont.

(Proverbe lillois.)

MATONNER, *v.* — Devenir en grumeaux.

MAUGRÉ, *adv.*— Mauvais gré, malgré. Il y a à Lille la rue *Maugré.*

MAURIEN - NE, *s.*— Maure. Il y a à Lille deux anciens cabarets portant pour enseigne : l'un *au Maurien*, l'autre *au Maurienne.*

MAUVAISETÉ, *s. f.*— Méchanceté, v. français.

MAZARIN (Vive au). — Se dit pour deux époux qui vivent séparément.

Autrefois, dans les environs de Lille, lorsque deux époux qui vivaient *au mazarin*, se remettaient de nouveau en communauté, on faisait un feu de joie en face de leur maison.

MAZINGUE, *s. f.* — Mésange, petit oiseau de passage.

MÉCOULE, *s. m.*— *Nunu.* (Voir ce mot.)

MÊLETOUT, *s. m.* — Factotum. Individu propre à tout, qui se mêle de tout. (Ironique.)

MENETTE, *s. f.*—Petite cuve à l'usage des marchands de denrées, notamment des poissonniers.

MENOULES, *s. f. pl.* — Propos sans valeur, sans portée, et qui ne méritent pas qu'on y attache de l'importance.

MÉQUAINE, *s. f.*— Servante de ferme.

On trouve dans les anciens auteurs : *Meschin*, domestique, *meschine*, servante, *meschinette*, petite servante. *Meschinage*, condition de celui ou de celle qui sert.

MÉRANCE.— Nom propre pour Emérance.

MÉRON, *s. m.*— Morceau de beurre de 2 kilog. et plus.

MESCHEF. — Accident, malheur, infortune, événement malheureux. Ce mot dérive du vieux verbe *meschoir*. — « *Mescheoir*, tourner à mal, déchoir. » (RABELAIS.)

> « Le 14 avril 1701, les échevins de Tourcoing passèrent avec ceux de Roubaix une convention à l'effet, par les deux villes, de se prêter un mutuel secours en cas de feu, de *meschef*. »
>
> **Ch. Roussel-Defontaine.**
>
> (*Histoire de Tourcoing*, ouvrage couronné par la Société des Sciences de Lille.)

METS, *s. f.* — Grand coffre pour pétrir le pain, huche.

METTE AU CLO, *loc.* — On met un objet quelconque au *clo*, lorsqu'on le porte au Mont-de-Piété.

> Avec l'argint des maronnes
> Qu'elle vient d'aller *mette au clo*...
>
> (*Le Mont-de-Piété*, chanson chantée le 10 mars 1861).

METZ. — Au dire de M. Victor DERODE, dans son *Histoire de Lille*, ce mot signifiait autrefois *ferme*, *métairie*. Il s'en trouvait une à l'endroit où est situé l'abattoir public. De là le nom de la rue qui y aboutit.

MEURIR, *v.* — Mûrir, devenir mûr.

> Dieu *meûrit* à Moka dans le sable arabique
> Ce café...
>
> (*Lettre de* **Voltaire** *au roi de Prusse.*)

MI, *pr. pers.* — Moi.

MICHORELLE, *s. f.* — Perce-oreille. *Auricularia.*

MIC-MAC (I n'y-adu), *loc.* — Tromperie, brouille.

« Prise de l'allemand *misch mach*, brouillamini, mélange.» (HÉCART.)

MIE, *part. nég.* — Pas, non, pas du tout. Se trouve dans nos vieux auteurs.

MIER, *v. a.* —Manger.

Quand on a *mié* les haricots...

Desrousseaux.

(Le Mariage de Violette.)

MIEUQUE. — Petit lait. Ce mot ne se dit presque plus. Il y a peu de temps on pouvait voir un marchand de *petit-mieuque* étalé rue du Marché-aux-Fromages.

MINABLE, *adj.* — Misérable, dont les vêtements ont une mauvaise *mine*.

Qui vous rend à mes yeux si triste et si *minable*.

(Les Amants enfoncés, cité par **Hécart.**)

MINCK.— Lieu couvert du marché aux poissons où ont lieu les adjudications au rabais. Ce mot vient du flamand *myncken*, diminuer.

MINCKACHE. — Action de *mincker*.

MINCKER, *v.* — Vendre le poisson au *minck*.

MINOU. — Terme enfantin pour désigner toutes espèces de fourrures, ainsi que du coton, de la ouate et autres choses douces au toucher.

MINTIR, *v. n.* — Mentir.

MINTIRIE, *s. f.* — Menterie.

MIOCHE. Prononcer *mi-oche*.— Miette de pain. (Voir *Démiocher*.)

MIRO, *s. m.* — Miroir.

MIROULET. — Miroir de l'œil.

MITAN, *s. m.*—Milieu, centre, *medium*.

« Ce mot *mitan*, qui est resté dans notre patois,
» était encore français au commencement du XVIIe.
» siècle; dans un manuscrit d'alors, un prieur décri-
» vant une cérémonie, dit : Pour aller à l'église, par-
» tant chacun de sa place fit la révérence au *mitan* du
» couvent. » **E.-A. Escallier.**

(Remarques sur le patois. Douai, 1856.)

MITIN, *s. m.* — Minutieux.

Avant cha, ch' *mitin*,
Avé l' pus grand soin. . .

Desrousseaux.

(L'Nunu.)

MOIE, *s. f.* — Meule. Amas de blé, de foin en gerbes, etc.

MOL, *adj.* — Mou. Lorsqu'un rasoir est trop aiguiser on dit qu'il est à *mol-taillant.* — *Mol fromache* se dit pour fromage mou.

MOLACHE. — Grosse mouture.

Tout aussitôt qu' te t'ras d'dins
T'aras du *molache*.

Brûle-Maison.

(Un Tourquennois qui a sauvé sa vache dans un moulin-à-vent.)

MOLETTE, *s. f.* — Poulie, petite roue. Il y a à Lille la rue des *Trois-Molettes*. On donne le nom de *molette* au pliant du genou.

MOLETTES (Faire des), *loc. prov.* — Faire des façons.

J'y courrai sans *fair' des molettes*.

Desrousseaux.

(L'Ru-tout-ju.)

MOLIN, *s. m.*— Moulin, espagnol *molino*.

MOLINEL, *s. m.* — Petit moulin, moulinet. Il y a à Lille la rue du *Molinel*.

MOLON, *s. m.* — Moëllon.

MOLU, *adj.* — Moulu. *Du café molu.*

MON.— Abréviation pour maison. A *mon* Debise, pour à la maison de Debise.

MONTEUSE DE MODES, *s. f.* — Marchande de modes.

MONTURIENNETÉ, *s. f.* — Mitoyenneté.

MONTURIER, *adj.* — Mitoyen. *Un mur monturier.*

MORBLEUTE (A l' grosse). — Un ouvrage est fait *à l' grosse morbleute*, lorsqu'il est fait grossièrement, sans prétention. On dit encore dans le même sens : *à l' grosse mordienne.*

MORCIAU, *s. m.* — Morceau. On dit d'une personne de petite taille : *Ch'est un morciau d' gin.*

MORDREUR, *s. m.* — Assassin, meurtrier.

MORDRIR, *v.*— Meurtrir.

MORDURE, *s. f.*— Morsure.

MOREAU. — Cheval extrêmement noir. Il y a à Lille la rue du *Noir-Moreau*, ainsi nommée à cause d'une enseigne.

MORFILLE, *s. f.*— Crachat, eau qui coule du nez.

MORIR, *v.*— Mourir, vieux latin *moriri*.

MORGUES, *s. f. pl.* — Grimaces.

MORU, *part. passé* du verbe *morir*.

MOSNIER, *s. m.* — Meunier. Ancien mot, bas latin *monerius*. Autrefois on disait *molinier* pour meunier.

MOUCHO, *s. m.* —Mouchoir.

> Biau p'tit *moucho*, *moucho* d' Liquette.
>
> **Desrousseaux.**

MOUCHON, *s. m.* — Moineau, oiseau très-commun qui se nourrit de mouches. Il y a à Douai et à Valenciennes la rue des *Blancs-Mouchons*, de ce qu'il s'y trouvait un couvent de moines blancs.

Au figuré, terme de dédain, il se dit en général d'un individu petit, faible.

MOUDRE, *v. a.*— Traire, presser les mamelles d'une vache, d'une chèvre, pour en faire sortir du lait. *Mulgere*.

MOUFFES, *s. f.* — Gros gants fourrés dont les doigts, excepté le pouce, ne sont pas séparés.
Au figuré, *recevoir ses mouffes*, être congédier.

> Décidémint j' vas li donner ses *mouffes*,
> J' veux d'un luron qui parlé bien platiau.
>
> **Desrousseaux.**
>
> (*César Fiqueux*, 2e. vol.)

MOULE, *s. f.* — Moëlle. La ducasse de Saint-Sauveur à Lille, est appelée à *z'oches à moule*. (Voir *Ducasse*.)

MOULET, *s. m.* — Petit coquillage, escargot.

MOUQUE, *s. f.* — Mouche, du latin *musca*, roman *mousque*.

MOUQUERON, *s. m.* — Moucheron.

Ch'est comme un *mouqu'ron*
Qui vodrot dévorer un lion !

Desrousseaux.

(Les deux Marieux gourés.)

MOUQUET, *s. m.* — Émouchet, mâle de l'épervier, oiseau de proie, vit de petits oiseaux.

MOUQUILLEUX, *s. m.* — Morveux.

MOURMOULETTE, *s. f.* — Moule. Au figuré, grand crachat blanc qui ressemble à une moule.

Ses deux yeux, quand ell' vous r'vette,
Ont l'air d'eun' gross' *mourmoulette.*

Desrousseaux.

(Liquette, 2e. vol.)

MOUSER, *v. n.*— Bouder. *Faire la mouse*, *s. f.*, faire la moue.

MOUSON, *s. des deux genres.* — Boudeur, qui n'aime pas la société, ni la gaité, qui aime à rester seul, à s'éloigner du bruit.

Min cousin est un gas cocasse,
Car il a l'air d'un vrai *mouson.*
Les dimanche' et même à l' ducasse,
I reste tout seu dins s' mason.

Desrousseaux.

(Min Cousin Myrtil.)

MOUSSET, *s. m.* — Mousse, herbe. *Muscus.*

MOUTE, *s. f.* — Comptoir, étalage.

Vous s'rez, min p'tit quin, j' vous jure,
Avec des rubans, des fleurs,
Biell' comm' chés femme' in gravure
Qu'on vo' à l' *mout'* des tailleurs.

Desrousseaux.

(Mad'leine ou l' vieux Rintier amoureux.)

MOUTRER, *v. a.* — Montrer.

MOUVETER, *v. n.* — Diminutif du vieux verbe *mouver*, latin *novere*, et signifie, dans le sens neutre, remuer le moins possible.

Pour éviter sin braillache,
Ses gins n'os'tent point *mouv'ter.*

(L' Marquis d' Biellé-Humeur, chanson de carnaval 1861.)

MOUVIAR, *s. m.* — Qui cache ce qu'il pense, qui médite le mal en silence, sournois.

MUCHER, *v. a.*— Cacher, du vieux verbe *mus-ser*. M. Escallier fait dériver ce mot du latin *mus*, rat, souris, taupe.

Nous avons en patois l'expression en *muche tin pot*, pour faire quelque chose en se *muchant* (en cachette).

Les enfants jouent à *mucher* (à cache-cache) et, cherchant après leur camarade, ils chantent :

Much'-te bien, j' cache après ti,
Si j' t'attrap' te seras pris ;
Un petit pas, petit pas, Madame,
Un petit pas, petit pas, Monsieur.

Puis ils crient : *Déhutte ! Déhutte !* pour faire sortir de sa cachette celui qui est *muché*. (Voir *Déhutter*.)

MUCHE, MUCHETTE, *s. f.* — Cachette.

MUGOT, *s. m.* — Argent caché, lieu où on cache.

MULETTE, *s. f.*— Partie de veau qui lui sert d sac ou de poche, où est contenu la présure.

MUOT, *s. m.* — Muet, féminin *muelle*. — « Th Corneille écrit *mueau*, féminin *muelle*, et cit ces vers :

Il guérit un démoniacle
Duquel l'esprit était *mueau*,
A moy ne soyez point *muelle*. »

(Cité par **Hécart**, au mot *muau*.)

MUSIAU, *s. m.* — Museau.

MUSI. — Moisi. *Mucidus*, roman *muisi*.

MUSIR, *v.* — Moisir.

MUTIAU, *s. m.*— Morceau de la jambe d'un bœu ou d'un quadrupède quelconque. Il se vendait un fois moins cher que l'autre viande. Nos ménagère ne peuvent plus avoir du *mutiau* pour faire du bo bouillon, car, depuis longtemps, les bouchers l divise en plusieurs parties et en donne à chaque pra- tique comme morceau de *réjouissance*.

N

N.— Prononciation ordinaire, comme en français.

NACTIEUX. *adj.*— Qui fait le dégoûté ; fémini *nactieusse*.

NAIN, *s. m.* — Petit crochet pour prendre le
sson.

NAVIAU, *s. m.* — Navet, *brassia napus*. On dé-
ne encore sous le nom de *rappe, s. f.*, une rave,
vet. Il y a à Lille la rue des *Bonnes-Rappes*.

NETTIER, *v.*— Nettoyer, rendre net. On trouve
tier dans FROISSART. (XIVe. siècle.)

NEUACHE, *s. m.* —Nuage.

NUÉ, *adj.*— Neuf.

NIC ET NAC (Faire), *loc.* — Les fripiers ont
tume de s'entendre pour ne pas faire *monter*
ers objets dans une vente; ils les achètent à bas
x, puis les revendent entre eux dans un cabaret
plus offrant. Le surplus du prix de la vente est
tagé, c'est ce qu'on appelle faire *nic et nac*

Ont laiché v'nir min compère
Avec euss' fair' *nic et nac*.

Desrousseaux.

(*L'Manoqueux, Mes Étrennes*, 1859.)

NICDOULLE, *s. m.* — Niais, imbécile.

NID D'AGACHE. — Espèce de durillon qui vient
: pieds. Ce mot se trouve dans HÉCART avec la
me signification. On le dit plus souvent au village.
ir *Agache*.)

NIER, NEYER, *v.* — Noyer. Ancien français
er.

NIEULLE, *s. f.* — Pain d'autel. Dans plusieurs
es du département du Nord, à certain jour de
mée, les ouvriers de la ville jetaient, des fenêtres
l'Hôtel-de-Ville, une grande quantité de *koukes* et

de *nieulles*. Ce divertissement avait lieu à Lille XVIIe. siècle, le jour de la fête du *Broquelet*, e Armentières le premier dimanche de mai.

NITÉE, *s. f.* — Nichée.

Les blés d'alentour mûrs avant que la *nitée*
Se trouve assez forte encor
Pour voler et prendre l'essor.

La Fontaine.

NOBLE ÉPINE, *s. f.* — Aubépine.

NOCE A L'ÉCOT. — Noce en pique-nique.

« J' vous invite à l' *noce à l'écot !* »
In intindant cha, quequ'un d' riche
Arot bien sûr dit : « Est-i chiche
D'inviter sin monde in payant ? »

Desrousseaux.

(Le Mariage de Violette

NOÉ. — Noël. Pour marquer la croissance jours on se sert des dictons suivants :

A Sainte-Luce,
Saut d'eun' puche.

Au *Noé*,
Saut d'un baudet.

A Saint-Thomas,
Saut d'un qu'va.

NOIROUX, *s. m.*—Qui a la figure *noirte* (noi au féminin *noirette*.

NOM J'TÉ. Prononcer *ch'té*.—Sobriquet. Ce me paraît très-juste d'expression : *nom j'té,* c'es dire qui arrive sans plus de formalités qu'une pie ns un carreau de vitre. Il suffit de prononcer un)t, de faire un geste, d'avoir un tic, pour recevoir ssitôt le nom qu'un *parrain* vous jette et qui effa-ra peut-être à tout jamais celui sous lequel nous ons été inscrit sur le registre de l'état-civil.

Je pourrais citer plusieurs sociétés de Lille dont aque membre porte un *nom j'té*.

Nos gamins se nomment : *Blondin*, *Min-roux*, *isé*, *Crochu*, *Bochu*, *Boboche*, *Noiroux*, etc., lon la nature, la couleur de leurs cheveux ou le anque de régularité dans leurs formes.

Les personnages de nos places publiques ont us eu des *noms j'tés* : *Voyageur*, *Grosse-Chique*, *artelette*, *La Guisse*, *Grand-Queva*, *Loulette*, *on-Nini*, etc. Quelquefois on les désigne par un m de baptême, comme : *P'tit-Franços*, *Sot-uis*, *Marie-Grosse-T...*, *Louis l'conteu d' craques*, *Marie-Claire*. dont l'existence romanesque est re-tée dans les épaves littéraires de M. Henry BRUNEEL qui a inspiré à M. DESROUSSEAUX l'une de ses us charmantes *pasquilles*, a été baptisée en 1784, la paroisse Saint-Maurice, sous les noms de *Claire-élicité-Joseph* LONGREZ.

Enfin on donna au chansonnier François DE COT-GNIES le *nom j'té* de *Brûle-Maison*, parce que, uand il arrivait sur une place publique, il attachait ı bout d'un bâton une petite maison de cartes à quelle il mettait le feu pour attirer la foule.

NOQUÈRE, *s. f.* — Nochère, gouttière. — *Noc*, *nochère*, conduit pour l'écoulement des aux. » (ROISIN, *Glossaire*.)

NORIR, *v.* — Nourrir.

Du corache et puis des bons bras,
Peutt'nt *norir* dije infants comm' cha !

Desrousseaux.

(Le Revidiache.)

NOU-FAIT, *part. nég.* — Non-fait, opposé *si-fait.*

NULWART. — Nulle part.

NUNU, *s. m.* — Minutieux, qui fait des pe comptes, qui s'occupe du ménage.

Et l' soir i compt' doupe à doupe...
Avez-vous connu
Un homm' si *nunu ?*

Desrousreaux.

(L' Nunu, 3e. vol.)

NUNUTÉE, *s. f.* — Bagatelles, minuties. dit aussi *menutée* dans le même sens. M. HÉCA dans son *Dictionnaire rouchi-français*, don « Il s'amuse à un tas de *nunas* et néglige l'ess » tiel. A Lille on dit des *nunas.* »

Et il cite l'exemple suivant des *Chansons et P quilles de Brûle-Maison*, 9e recueil.

Pierrot, quoiche te me raconterot
Den chel rencontre,
Des *nunas*, des concontes.

(Pierrot et Margot.)

Nous ne croyons pas qu'on n'ait jamais dit *nunas.*

O

OBLIE, *s. m.*— Oublie, sorte de pâtisserie légère, ıite entre deux fers et faite en forme de cornets.

Lorsqu'en 1270, on donna des statuts aux pâtisıers, ce fut sous la qualité d'*oblayeurs* (faiseurs 'oublies) qu'ils les reçurent et non sous celle de âtissiers.

« *Obelie*, oublie, petite pâtisserie. » (Rabelais.)

OCHE, *s. m.*—Os. *A z'oches! à z'oches! là l' marıand d'oches arrivé! là l' chiffonnier, vous l' savez: u vieux fer, du vieux plomb, des vieux chiffons, out est bon, là l' marchand d' chiffons!*

Cri des chiffonniers à Lille.

I n' f'ra point d' vieux oches, dit-on, d'une perɔnne maladive.

OEUÉ, *s. m.* — OEuf.

ŒUILLARDE, *s. f.*— OEil poché; *œil au beurre oir.*

J' les vo incor i s' mett'nt in garde,
Girott' li donne eun' bielle *œuillarde*.

Desrousseaux.
(Les Amours de Jeannette).

OJELEUX, *s. m.* — Oiseleur. M. Dubuc a fait ın 1849 une chanson intitulée: *Souvenir du roi des Oj'leux, imitée du Grand Docteur Bolis*, par M. Desıousseaux.

OJEAU, *s. m.* — Oiseau.

Quand Dieu invoie les *ojeaux*,
I ne r'fus' point les patiaux.

Ch'est un *ojeau* pou l' cat.

(*Dictons.*)

OJON, *s. m.* — Oison.

I r'sane les *osons*, il a l' crasse au cul.

(*Dicton* cité par **Hécart.**)

A Lille on dit dans le même sens : *Ch'est un d'ojon.*

OLIETTE, *s. f.*— OEillette, du latin *oleum*, so de pavot dont la graine sert à faire de l'*ole* ou l'huile (vieux français *oille*).

On donne le nom d'*Olieu*, *s. m.*, à l'ouvrier travaille aux moulins à l'huile.

Autrefois on faisait bouillir une tête d'*oliette*, l'on administrait cette boisson aux jeunes enfa pour les endormir.

J'y ai d'jà fait eun' chuchette,
J' f'rais bouillir d' l'*oliette*,
Din l' temps qu' j'étos méchant
On m'in faijot autant.

(*Chanson de Carnaval*

ORPER, *v.* — Ourdir.

OSOIR, *v. a.* — Oser. Espagnol *osar*.

OSTIAU, *s. m.* — De *ostel*, maison. On app ainsi la prison et le violon.

« *Ost*, maison, logis, *hospitium.* » (Rabelais *Ost* signifiait aussi armée.

OSU. — Participe passé du verbe *Osoir*.

OTIEU, *s. m.* — Outil. On dit figurément : *Ch'est un triste otieu* d'un homme maladroit.

OTIL, *s. m.* — Outil, métier à tisser.

OURDACHE, *s. m.* — Échafaudage.

OUTE (Tout), *loc.* — De part en part, tout-à-fait.

Il faut estre p..... *tout outre*
Ou bien du tout ne l'estre point.

Mathurin Regnier.

OUVERIER, *s. m.* — Ouvrier.

OUVRANT, *adj.* — Travaillant. Excepté les Dimanche et jours fériés, les autres sont des jours *ouvrants.*

Passez par là, Dimanche' et jours de fiête,
Et vous l' verrez, tout comm' les jour' *ouvrants.*

Desrousseaux.
(L' Graissier.)

OUVRER, *v. a.* — Travailler. La langue française s'est défait de ce verbe en conservant toutefois les substantifs, *ouvrier*, *ouvrage.*

Afin qu'ouvrier diligent
Il vienne *ouvrer* dès l'aube matinale.

Voltaire.

OUVRO, *s. m.* — Ouvroir, atelier.

P

PA. — Abréviation de la préposition *par*.

PACOUL, *s. m.* — Paysan, de *paganus*. On dit aussi *paour* et *pacant*.

PACUS, *s. m.* — Magasin, lieu de dépôt de marchandises.

I li dit : Bonjour Mam'zelle !
A m' mason j'ai tant d'écus
Qu'on peut les r'nuer à l' pelle,
Comm' des puns-d'-tierre au *pacus*.

Desrousseaux.
(Les Amours du Diable.)

PAËLE, *s. f.* — Poële à frire, du bas latin *paella*.

Qui veut viez pos et viez *paieles*.
(Cris de Paris, par COLLETET, cité par **Hécart.**)

PAF (Être). — Être ivre; être saisi, anéanti par l'effet d'une nouvelle ou d'un événement inattendu. On dit plus particulièrement *épaf* dans ce dernier sens.

PAGE ET AGE, *loc.* — Paisiblement et à l'aise.

Un jour, in sortant de m'n ouvrage,
Passant tout près de l' Comédi :
Je m' pourmenos tout *page et age*,
Dijant : qu'mint passer min lundi ?

Desrousseaux.
(Fualdès.)

PALIARD, *adj.* — Qui n'est plus de mode; qui est trop voyant, en parlant d'une étoffe à dessins.

PAIN DE MOINE, *s. m.* — Poire cuite au four dans une enveloppe de pâte. On disait autrefois *pet-de-moine;* on le nomme encore *quiou.*

Dans les environs de Lille, on dit *bourleau*, à cause de sa forme qui ressemble assez à une boule.

PAIN-PERBOLE, *s. m.* — Les *pains-perboles* étaient des morceaux de pain-d'épice que les jeunes communiants offraient en présent à leurs parents et amis.

Les marchands avaient fait tous leurs efforts pour maintenir la réputation de cette pâtisserie spéciale. Le *pain-perbole*, jadis de couleur grisâtre, composé de seigle et de sirop, avait fini par devenir un pain-d'épice superfin. Ce perfectionnement ne l'a pas empêché de faire naufrage et il a été complètement détrôné par la dragée.

Un journal de Lille, *La Liberté*, si je ne me trompe, disait : « Que tous les enfants étaient égaux devant les *pains-perboles*. Ces morceaux de pain-d'épice avaient la même forme pour le pauvre comme pour le riche, et il y avait peut-être là un enseignement...

Il n'en est plus ainsi de la boîte de bonbons : la petite fille de l'ouvrier, cheminant avec sa petite boîte toute simple, regarde, peut-être, d'un œil d'envie, le coffret éblouissant du petit garçon riche... »

Quoiqu'il en soit, les enfants poursuivent encore aujourd'hui les communiants, en leur demandant comme autrefois : *Un p'tit pain-perbole !...*

PAIN-PERDU, *s. m.* — Tranches de pain, dit *pain-français*, trempées dans du lait, puis dans des œufs battus et que l'on fait frire à la poële; avant de les servir, on les saupoudre de cassonnade.

A Douai et à Valenciennes, on dit, *pain crotté.*

J'ai des reinette' in compote,
J'ai aussi du *pain-perdu.*

Desrousseaux.

(J'ai du mirliton.)

On l'appelle aussi *pain-perdu*, à Mons.

PANA, *s. m.* — Benêt.

« Ch'est bien triste, allez, Célina,
D'avoir un garchon si *pana.* »

Desrousseaux.

(L'Pana, Mes Etrennes, 1860.)

PANCHE, *s. f.* — Panse, ventre.

Plein s' manche et plein s' *panche.*

(Dicton.)

PANCHETTE, *s. f.* — Diminutif de *panche*, morceau de la panse du cochon.

PANCHU, PANCHARD, *adj.* — Pansu, qui a une grosse *panche.*

L' jour d' saint *Panchard* ch'est t' fiête.

(Dicton.)

PANTALISER (Se), *v. pr.* — Se carrer, prendre ses aises.

Et s' biell' madam', qui s' *pantalisse*,
L'appell' *Dégourdi sans malice !!*

Desrousreaux.

(Jacquo l' Balou, 1er. vol.)

PAPART, *s. m.* — Image, poupée, poupart.

PAPILLONNACHE. — Terme du métier de filtier. L'action de papillonner consiste à nouer ensemble plusieurs écheveaux; le nœud du fil *papillonné* ressemble assez à l'aîle du papillon.

Ce travail est ordinairement exécuté par des enfants dont les petits doigts, par leur dextérité et leur légèreté, donnent aussi une idée du vol de cet insecte.

PAPIN, *s. m.* — Bouillie faite de farine délayée avec du lait. Ce mot vient de l'allemand *pappe* (*dren*), pâte, colle.

PAPIN, *s. m.* — Colle de pâte.

PAPIN, *s. m.* — Coléoptère.

> S'i trouve un *papin* dins s'n assiette
> I crache. . . . .
>
> **Desrousseaux.**
>
> *(L' Nunu.)*

PAPIN. *s. m.* — Pépin, semence de fruit.

PARCHON, *s. f.* — Portion d'héritage; du latin, *portio*, portion; ancien français, *parcion*.

> XXI. Li siermens que on doit faire as *parchons*.
>
> (Roisin, *publié par* **Brun-Lavainne.**)

> Nous étim's lon d'êt' riches,
> Puisqu'à m'n homm', pou s' *parchon*
> S' mère a donné tros qu'miches,
> Eun' veste, un patalon!...
>
> **Desrousseaux.**
>
> *(Le Bonheur du ménage.)*

A Valenciennes, on dit : *fourméture;* à Cambrai, *parçon*. (Hécart.)

PARFIN. — M. Hécart explique ce mot par *à la fin*; Boiste par *enfin*.

Parfin est employé dans plusieurs refrains que chantent les enfants :

U allez-vous gra'-mèr' boiteusse,
Milefin, milefin,
U allez-vous, gra'-mèr' boiteusse ?
Milefin, *parfin*.

PARFOND. — Profond, ancien mot français.

PARJURÉ, *s. m.* — Nom que l'on donne au lúndi qui suit l'Epiphanie.

On prétend que ce jour est ainsi appelé de ce que les Rois Mages se sont rendus *parjures* en ne portant pas au roi Hérode des nouvelles du Sauveur ainsi qu'ils lui en avaient fait la promesse.

Les ouvriers, ce jour là, vont chez les clients de leurs patrons chercher ce qu'ils appellent leur *parjuré* (pour-boire) en leur souhaitant une bonne année.

Il s'est passé le lundi *parjuré* de l'année 1667, alors que Lille venait d'être soumise à la domination française, le fait suivant que rapporte M. HENRY BRUNEEL dans son *Histoire populaire de Lille* :

« A l'aube du jour, nos boulangers, suivant l'usage » immémorial, s'étant mis, par toute la ville, à *corner* » *les pains chauds*, les Français prirent cet effroyable » bruit de trompes pour le signal d'un soulèvement popu- » laire; en un instant, la garnison fut sous les armes, » s'apprêtant à soutenir un combat acharné.... Mais bientôt » on s'explique de part et d'autre, et cette échauffourée » se termina par un immense éclat de rire. »

PAROLI, *s. m.* — Langage, manière de parler.

Te marche' à la badine,
T'acout' sin *paroli*.

Desrousseaux.
(Le Petit Doigt.)

PARTIR, *v.* — Terme du métier de filtier; c'est une abréviation du mot patois *épartir* (*rendre épars*).

L'action de *partir* le fil c'est, lorsqu'il vient d'être battu, de le dégager des imperfections du travail primitif et de le rendre propre à la formation des écheveaux.

PARTISSACHE, *s. m.* — Action de *partir* ou d'*épartir*.

PASQUILLE, *s. f.* — De *pasquil*, *pasquinade*, *satire;* dans notre patois il signifie *récit* ou *scène dialoguée*.

> « Les ***Pasquilles Lilloises*** de M. Desrousseaux peuvent
> » être considérées comme écrites en bon ***Daru***, patois par-
> » ticulier qui appartient aux habitants de la paroisse Saint-
> » Sauveur, au dire du célèbre imprimeur Panckouke.
> » ***Casse-Bras*** et ***Marie-Claire*** sont des chefs-d'œuvre de
> » littérature patoise. » **L. V.**
>
> (*L'Amusement d'un Lillois.*)

PASSET, *s. m.* — De *pas*, petit banc pour poser les pieds.

PASSO, *s. m.* — Passoire, ustensile de cuisine de terre ou de métal percé d'un certain nombre de petits trous, servant à écraser des légumes ou des fruits pour en tirer la purée ou le jus.

PATACONS, PATAGONS, *s. m. pl.* — Pièces d'argent. Le *patacon* ou *patagon*, monnaie de Flandre, frappée au coin du roi d'Espagne, a valu 48 sous, 58 sous et enfin un écu.

PATARD. — Ancienne monnaie de cuivre de la valeur de 6 cent. 1/4. Il n'y a pas bien longtemps que les fabricants de fils comptaient encore par *pa-*

tards. En 1790, l'ouvrier filtier gagnait 13 *patards* pour douze heures de travail. La noble conduite des ouvriers filtiers pendant le siége de Lille, en 1792, leur valut de la part de leurs patrons une augmentation de 3 *patards*, ce qui porta le prix de la journée à 1 fr. En 1798, elle était de 19 *patards*...

(Voir l'*Echo du Nord* du 25 octobre 1846.)

Ce mot, dit M. HÉCART, est fort usité en Hainaut, en Cambrésis, en Flandre et en Brabant.

PATIAU, *s. m.* — Patée, aliments pour les oiseaux et, en général, morceau de pain, de viande, etc.; au figuré soupe épaisse.

PAU. — Peu, *paucus*. De nos jours, on dit généralement peu, comme en français, excepté dans cet exemple :

Grosse tiête *pau* de sins.

(Proverbe lillois.)

PAUCHEUR, *s. m.* — Rebouteur, qui remet les os.

« Il y a eu à Lille, jusqu'en 1742, un *paucheur* juré, » salarié par le magistrat. »

Pierre Legrand.

PAUVERIEU, *s. m.* — Pauvriseur, personne qui était autrefois chargée de distribuer les aumônes.

J' veux bien t' croir', mais pou t' tirer d' peine
L' *pauverieu* t'as mi' à l' *quinzaine*.

Desrousseaux.

(Choisse et Thrinette.)

PAUVERTÉ, *s. f.* — Pauvreté, indigence.

Ch'est comme l' *pauverté* d'ssus l' monde.

(Dicton.)

PÉNINQUE, *s. f.*—Bonbon en forme de spirale.

PÉNIQUE, *s. f.* —Compote de fruits; marmelade.

PENEUX, *adj.* — Penaud. On emploie aussi *péteux* dans le même sens.

PENOULE, *s. m.* — Pour *capenoul*, *capon*. (Voir ces mots.)

PEQUER, PEQUIER, *v.* — Pêcher, prendre du poisson; *piscari*, roman *pesquier*.

PERCO, *s. m.* — Perche, poisson d'eau douce, du latin *perca*.

PERDRE L' CLEF DE S' MARONNE, *loc.* — Avoir le dévoiement.

PERNIOT-TE, *adj.* — Délicat, mignon.

PERSIN, *s. m.* —Persil, plante potagère, *petroselinum*.

« Ce mot me rappelle, dit M. Emile GACHET dans une » lettre adressée à notre chansonnier M. DESROUSSEAUX, » l'embarras d'un savant bibliographe qui avait le malheur » de ne pas comprendre le patois. Il trouve un jour un » manuscrit du XVe. siècle, où l'on voyait écrit au feuillet » de garde certaine recommandation du propriétaire : » *Cest heure présent appartient à Mlle.* ***; *qui les* » *trouve, elle prie que on luy rend et il aura le vin,* » *quant la saille deviendra persin.* Que voulait dire » cette phrase? pour qui n'est pas initié à l'intelligence » du patois, cela ne voulait rien dire. Le premier paysan » aurait pu la traduire ainsi : *et il aura le vin quand la* » SAUGE *deviendra* PERSIL. »

PERTELER, *v. n.* — Faire une série d'incongruités bruyantes.

PERTELIER - ÈRE. — Qui *pertièle.*

Queu malheur! min baudet est fin *pertelier.*

F. C.

(Le Tourquennois et le Lillois sorcier.)

« A Valenciennes, on nomme *perteloir* le trou de l'anus. » (HÉCART.)

PETIT-CLERC, *s. m.* — Enfant de chœur.

Rosett' roucoulot des ariettes
Avec des tons si biaux, si clairs,
Qu'ell' faijot fisque à les *p'tits-clercs*
Et l's alouettes.

Desrousseaux.

(Violette).

PETOTE, *s. f.* — Pomme de terre, de *patate.*

PIAU, *s. f.* — Peau. On disait autrefois *piauchelier* pour pelletier, marchand de peaux.

PICAÏONS (Avoir des), *s. m. pl.* — Être riche, avoir des écus.

Li, dins sin caractère,
Avec ses *picayons*,
A l'av'nir, il espère
D'acater des masons.

(Société des Risquons-Tout, Carnaval 1861.)

PICHATE, *s. f.* — Urine.

PICHATIÈRE, *s. f.* — Urinoir.

Entre Lesquin et Vendeville, il y a un lieu-dit : *La Pichatière.*

PICHE (Faire du). — Voir *Fisque* (faire).

PICHE-POT, *s. m.* — Pot-de-chambre. La rue des *Quinze-Pots* s'appelait, autrefois, rue des *Quinze-Pisse-Pots.*

PICHER, *v.* — Uriner. Au figuré, fuir, avoir peur.

PICHON, *s. m.* — Poisson, du latin *piscis*.

PICHONNIER, *s.* — Qui vend du poisson; féminin, *pichonnière*, *pichonneresse*.

PICHOU, *s. m.* — (Voir *Laineron*.)

PICHE-AU-LIT, *s. m.*—Enfant qui pisse au lit.

On appelle encore de ce nom la plante *pissenlit*, de la famille des chicoracées.

PICOT, *s. m.* — Pic, pieu, pioche.

On donne encore ce nom à une garniture en forme de *pointes*, faite avec du cordon et que l'on met aux mouchoirs, bonnets, etc.

PIÉCHA, *adv.* — *Piéça ;* depuis longtemps.

> « Voilà une expression que le XVIe. siècle employait
> » encore, mais que l'on rejetait déjà du temps d'Henri
> » Etienne comme sentant trop sa place Maubert. Ce grand
> » homme eut beau réclamer en sa faveur, on ne l'écouta
> » point.... Et pourtant, on n'avait pour le remplacer que
> » la phrase *il y a longtemps ;* phrase traînante, s'il en
> » fut, qui a cinq syllabes, tandis que *piéça* n'en a que
> » deux, et qui en outre ne peut entrer dans un vers.., ».
>
> **M. Emile Gachet.**
>
> (*Glossaire roman*. Bruxelles, 1859.)

PIED-D'AGACHE. — (Voir *Agache*.)

PIEDSENTE, *s. f.* — Sentier, petit chemin praticable à pied, chemin de traverse.

PIENNE, *s. f.* — Nœud des écheveaux de fil.

PIERRE-LIMANDE, *s. f.* — Ce mot s'emploie figurément pour désigner une chose rare, précieuse.

M. Dessousseaux a employé ce mot dans la pasquille intitulée *Casse-Bras* et a donné la note suivante dans sa première édition (1849) :

« Malgré mes recherches je n'ai pu découvrir l'origine » de ce mot; ce que je sais, c'est qu'il sert à exprimer » une chose précieuse. Voici néanmoins ce que je suppose : » la pierre aimantée, qu'on nomme aussi par corruption » *pierre d'aimant*, a dû, à son apparition, produire un » effet prodigieux aux yeux de nos bons Lillois, qui en » auront fait *pierre l'aimant*, puis *pierre limande.* »

PIERROT, *s. m.* — Moineau.

PIERRETTE, *s. f.* — Noyau, partie dure des fruits.

I maingeot tout comme eun' biête,
In pinsant fair' mieux,
Tout jusqu'à les p'tit's *pierrettes*
Et mêm' tous les queues.

Brûle-Maison.

(Un Tourquennois qui a fait la gageure de manger plus de prunes qu'un cochon.)

PIGOUCHE, *subst. des deux genres.* — Qui ne sait supporter aucune douleur.

PILE, *s. f.* — Raclée.

PILET, *s. m.* — Pilier, poteau, support.

PILET D' PLACE, *s. m.* — A la même signification que *cinsier d' place.* (Voir ce mot.)

PINCHE, *s. f.* — Pince.

PINCHERIAU, *s. m.* — Pince de paveur.

PINCHINAT. — On appelait ainsi un drap grossier que l'on fabriquait dans le département du Nord.

Il invoira l'un li querr' des leunettes
In verr' dépoli doublé d' *pinchinat.*

Desrousseaux.

(Le Cousin Myrtil.)

PINCHON, *s. m.* — Pinson. Oiseau qui pinse fortement la main de celui qui le prend.

Il y a fréquemment dans le Nord des concours de *pinchons* (surtout à Armentières et à Tourcoing). On sait que cet oiseau est, après le rossignol, un de nos très-bons chanteurs ; on a soin de l'aveugler, afin que, n'ayant plus de distraction, il soit tout à son chant.

On désigne aussi sous le nom de *pinchon*, un *accroc* mal fait.

Lorsqu'une personne a l'onglée, on dit qu'elle a l' *pinchon.*

PINDERLOTS, *s. m. pl.* — (Voir *Cloque.*)

PINTE, *s. f.* — Mesure de liquide de la contenance d'un demi-litre.

PINTER, *v. n.* — Boire par *pintes.*

PINTEU ou PINTELEU, *s. m.* — Qui boit par *pintes.*

PIOCHER, *v. n.* — Travailler péniblement, ardemment.

PIONNE, *s. f.* — Bouvreuil, oiseau appartenant à l'ordre des passereaux, ainsi nommé parce qu'il a le ventre de la couleur de la pivoine, que nous appelons aussi *pionne.*

PIPER, *v.* — Fumer, se servir de la pipe.

PIQUE, *s. f.* — Rancune. Nous trouvons dans *Richelet :*

> « *Pique*, sorte de petite querelle qui cause du refroi-
> » dissement entre gens qui s'aimoient. (Il y a entre eux
> » quelque petite *pique*. Ils sont en *pique* l'un contre
> » l'autre.) »
>
> *(Dictionoire Français,* M. DCC. X.)

PIQUES (Passer les), *loc.* — Terme du jeu de *mabres* ou de *qnecques*. *Passer les piques*, comme le dit M. Pierre LEGRAND : « C'est recevoir sur les pha- » langes, à courte distance, la bille lancée d'un » pouce vigoureux. »

PIRONNELLE (Canter la). — Locution qui s'emploie chaque fois que l'on parle de chanter. On dit : *nous allons canter la pironnelle*. D'où vient ce mot? Ne serait-ce pas du refrain d'une ancienne chanson qui aurait eu une certaine popularité ? Ou bien serait-ce tout simplement une variante de ritournelle?

> L' parrain a mis bien vit' sus l' table,
> P'tit salé , andoulle et gambon,
> Après cheull' petite colation,
> On a *canté la pironnelle*.
>
> **Desrousseaux.**
>
> *(Le Revidiache.)*

PIS, *s. m.* — Mamelle. *Cheull' vaque a un biau pis*, cette vache a une belle mamelle.

PLACHE, *s. f.* — Place.

> T' *plache* est à l' chimetière.
>
> Quand on va à l' ducasse on perd s' *plache*.
>
> *(Dictons.)*

PLACHETTE, *s. f.* — Petite place. Il y a à Lille *Plachette-aux-Ognons.*

M. Ch. de Franciosi, dans une de ses intéressantes *Causeries du Jeudi* qu'il a eu le tort, selon nous, d'interrompre, nous raconte qu'un fanatique tulipomane lillois céda sa brasserie de la rue des Vieux-Murs qui se trouvait dans un jardin voisin de cette petite place laquelle, depuis, s'est appelée : *l' Plachette-aux-Ognons*, en souvenir de cette vente célèbre.

(Voir le journal des *Affiches et Annonces*, du 27 mai 1858.)

Le genre de cette tulipe, au reste, était appelé partout : *Tulipe de la Brasserie.* M. Demortain, médécin, amateur passionné de tulipes, la cultivait. Elle était à fond juune, très à la mode alors. Aujourd'hui il faut que la tulipe soit à fond blanc pour être accueillie. C'est depuis ce changement de goût que la tulipe dite *de la brasserie* a perdu sa réputation. Néanmoins, par respect pour l'histoire, M. Demortain lui avait conservé une place dans son jardin.

PLAID. — Plaid, en langage du XIVe siècle, signifie *procès*, *querelle*, tenir *plaid*, audience. On donne à Lille le nom de *petit-plaid*, au tribunal de simple police.

PLAÏE, *s. f.* — Plie, poisson plat. *Grandé-Plaïe!* cri des marchandes de poissons.

Au figuré, ce mot est une injure, il se dit d'une femme qui se néglige.

PLANCHONS, *s. m. p.* — Plançons.

« Planchon, *pique.* — Roisin, *Glossaire.* »

PLANQUE, *s. f.* — Planche; du latin, *planca.*

PLATE-BOURSE (Être à l'). — Ne pas avoir

d'argent. Un cabaret de la rue de la Barre à pour enseigne : *A la Plate-Bourse.*

> Te vos donc, qu' si ch' n'est qu' j'ai l' ressource
> Quand nous somm's réduit' à l' *plat'-bourse,*
> De dir' *savez* au boulinger
> Et au graissier,
> Je n' poros jamais m'in r'tirer.

Desrousseaux.

(Choisse et Thrinette.)

PLATELETTE (Marchand d'). — Marchand qui va dans les villages et qui échange, contre des os, des chiffons, du vieux fer, etc., des *plats* et *tellettes*, et, en été, des fruits.

> J' f'ros, si j'étos *marchand d' platellette,*
> Sonner les cloquette' au cou d' min q'va.

Desrousseaux.

(Violette, chanson.)

Au figuré, on dit d'un homme qui a une mauvaise tournure, qui parle mal, que *ch'est un platellette.*

PLAT-FIEU, *s. m.* — Sans énergie, malpropre, qui parle mal.

Plat-collet a la même signification.

PLATIAU, *s. m.* — Plateau, patois.

> Mari' point, min fieu,
> Car t'aras du ma,
> T'aras à mingé
> Din l' *platiau* du cat.

(Ancienne Chanson.)

> J' veux d'un luron qui parle bien *platiau.*

Desrousseaux.

On dit d'un homme qui parle le patois avec affectation : *Ch'est un vrai platiau.*

PLATIAU, *s. m.* — Petit poisson plat.

> Pour tros francs d' *platiau* dins m' lich' frite.
>
> **L. Debuire.**
>
> *(Les Lilloises.)*

PLATINE, *s. f.* — Ustensile de ménage, plateau avec chandelier, bougeoir.

Au figuré, *avoir eun' bonne platine*, c'est posséder une élocution facile.

PLEU-D'OEUÉS, *adj.* — Synonyme de *lusot.* (Voir ce mot.)

PLEUMACHE. — Plumage.

PLEUME, *s. f.* — Plume. On dit d'un homme qui sait écrire, qu'il *sait la plume*. Il n'y a que dans ce cas qu'on prononce comme en français; dans tous les autres, on écrit et on prononce *pleume*.

> *I sait la plume :* et les fillettes
> V'nott'nt li faire écrir' des lettes.
>
> **Desrousseaux.**

> Les biell' *pleumes* faittent les biaux ojeaux.
>
> *(Dicton.)*

PLEUMER, *v.* — Plumer, ôter les plumes.

> « On vot là un procureur à côté d'un avocat qui
> » *pleume* eune poule sans l' faire crier...
>
> **L. Dechristé.**
>
> *(Souv'nirs d'un homme d' Douai.)*

PLEUVE, *s. f.* — Pluie, *pluvia*.

PLEUVEINNER, *v.* — Pluie fine qui ressemble au brouillard, bruiner.

Dans les environs de Lille, on dit en parlant de cette pluie; *i versenne*.

PLONQUACHE, *s. m.* — Action de plonger.

PLONQUER, *v. a.* — Plonger.

P'LOTE, *s. f.* — Pelote, petite balle.

P'LOTEU, *adj.* — Synonyme de *lusot*. (Voir ce mot.)

P'LOTEU, *s. m.* — Ouvrier qui fait des pelotons de fils.

PLUQUER, *v. a.* — Manger à petits morceaux, comme un oiseau qui *pluque* des miettes, des morceaux menus pour nourrir ses petits.

P'LURER, *v.* — Peler, ôter les pelures.

POCHE, *s. m.* — Doigt, pouce.

> « *Poche*, *polsche*, selon la prononciation wallonne, » du vieux mot *polz*, qui vient du latin *pollex*. »
>
> **Escallier.**

Lorsqu'on veut marquer un grand étonnement, on emploie ce dicton :

> Min *poche* in querrot bien dins m' main.

POCHER, *v. a.* — Presser avec le pouce; du vieux français, *pochier*. On dit d'une personne qui est dans l'affliction, qui a le cœur navré, qu'elle a le cœur *poché*.

POCHON, *s. m.* — Verrée, plein un verre. Boire un *pochon*, vider un verre.

> . . . Ch' l''vrogn' li répond :
> Incore un *pochon*
> A boire,
> Incore un *pochon* !
>
> **Desrousseaux.**
>
> *(L'Ivrogne et sa Femme.)*

POCHON, *s. m.* — Poinçon.

PORIER (Faire l'). — C'est faire l'*arbre fourchu.*
jeu consiste à se tenir la tête en bas et les jambes
l'air.

Dans les environs de Lille, on dit, faire *l' cu*
ie (cu poirier.)

POISSE, *s. m.* — Poids. *I n'a point tout sin*
sse, dit-on d'un individu dont la tête est faible.

Les employés du Poids public sont appelés *broute-*
-poisse, parce qu'il entre dans leurs attributions
brouetter des masses pesantes, et non *homme de-*
ls, comme l'a dit M. Debuire dans une note jointe
a chanson du *Pèr'-Bis.*

POITREINE, *s. f.* — Poitrine.

> Au mos d' mars, les courte'-haleines
> Sintiront bien d' l'imbarras,
> Et puis, du fond d' leus *poitreines*,
> Un p'tit chifflet sortira.
>
> **Brûle-Maison.**
> *(Prédictions.)*

POLISSO, *s. m.* — Fer à l'usage des repasseuses.
Dans les environs de Lille, on dit *polisser* pour
passer le linge.

POMPÊTE (Être), *loc.* — « *Être un peu pompête*,
être en belle humeur, en gaîté, par l'effet de la
boisson. »

> « Ce mot, que l'on trouve dans Rabelais, tire son ori-
> » gine des élévations et rougeurs qui naissent sur le nez
> » des ivrognes comme des pompons de femme. »
>
> **Pierre Legrand.**
> *(Dictionnaire du Patois de Lille*, 2e. édit.)

PONTIFICAT. — Avec cérémonie, pompe.

Est intré hier à l'hôpita,
Condui' in grand *pontificat*.

Desrousseaux.
(*Casse-Bras*, pasquille.)

POQUE, *s. f.* —Marque résultant d'un coup.

POQUETTES, *s. f. pl.* — (Voir *Mabré.*)

POQUETTES VOLANTES, *s. f. pl.* — Rougeol

PORÉE, *s. f.* — Purée de choux.

Tout vert comm' de l' *porée*.
(*Dicton.*)

PORETTE, *s. f.* — Poirette, espèce de toup parce qu'elle a la forme d'une *poire*. Au figuré, o dit d'un homme qui a du ventre, qu'il a *eun' panch à porette*.

PORION, *s. m.* — Poireau, de *porrum*.

On désigne encore sous le nom de *porion*, plu sieurs espèces d'excroissances ou de verrues.

POSTILLON, *s. m.* — Expression métaphoriqu servant à désigner le petit morceau de papier qu les enfants enfilent à la ficelle de leurs cerfs-volant (*dragons*), et qui, poussé par le vent, va le joindre

Et quand on vous vot marcher,
J' vous assure
Qu'on n' peut cesser d'admirer
Vo' tournure :
Vous ét's comme un *postillon*
Qui trottin' tout au long
De l' fichell' d'un dragon....

Desrousseaux.
(*La Vieille Dentellière.*)

POSTURES, *s. f. pl.* — Statues de plâtre.

PORTA, *s. m.* — Portail.

No villache, on l' connot tertous.
A l'égliche i n'y-a deux *portas*,
Un intre ichi, on sort' par là....

Brûle-Maison.
(*La Tourquennoise et le Savetier.*)

PORTE-AU-SA, *s. m. litt.* — Porteur-au-sac, rtefaix.

M. Desrousseaux a fait une chanson ayant pour re : *Les amours du diable et de l' fille d'un porte-ı-sa.*

PORTE D'BOS. — Expression qui signifie porte rmée, porte de bois.

Accout' ch'est malheureux tout d' même
Mais te vas trouver l' *porte d' bos.*

C. Decottignies.
(*Le Flaneur lillois.*)

PORTELETTE. — (Voir *Agrippin.*) Petite porte, *ortula.*

PORTEU D'IAU BÉNITE, *litt.* — Porteur d'eau énite. Il y a dans chaque église de notre ville un mployé chargé de distribuer le Dimanche matin e l'eau bénite aux paroissiens, en leur domicile.

Min pèr' *port'ra d' l'iau bénite.*

Desrousseaux.
(*Le Sergent de chœur.*)

POT-AU-LOT (Au). — On dit que les cabaretiers vendent au *pot-au-lot* lorsqu'ils vendent de la bière pour être consommée hors de leur établissemen. Autrefois la bière vendue de cette manière se pay: un *liard* moins cher à la *pinte*.

POTÉE, *s. f.* — Mesure pour les liquides, dé litre.

> Volez-vous savoir du nouviau,
> V'nez dins l' ru' du Bourdiau,
> Pou l' prix d'eun' *demi-potée*
> J' bats les carte' et j' fais l' café.
>
> **Desrousseaux.**
>
> (*La Consolatrice des cœurs désolé.*

POUCHIN, *s. m.* — Poussin, petit poulet nouve lement éclos. Au figuré, mot d'amitié.

> Dors min p'tit quinquin,
> Min p'tit *pouchin*....
>
> **Desrousseaux.**
>
> (*L' Canchon dormoire.*)

POUFRIN, *s. m.* — Petite braise, poussière qu l'on met dans les chaufferettes et avec laquelle o allume le tabac.

POULERIE ! (La) — Ancien cri des marchan de *croque-poux*. (Voir ce mot.)

POULIETTE, *s. f.* — Jeune poule, poulette. A figuré, jeune fille.

POUMONIC, *adj.* — Pulmonique, malade att: qué du poumon.

POUPLIER, *s. m.* — Peuplier, *populus*.

POURCA, *s. m.* — Faire perquisition, recherche solliciter, quêter; du vieux français, *pourchas*.

> N'y-a qu'un moyen de s' tirer d' là,
> Ch'est d' fair' tous les s'maine' *un pourca*.
>
> **Desrousseaux.**
>
> (*Violette*, 2e. vol.)

On écrit et on prononce *pourca* et non *pourchas*, omme nous le trouvons dans le Dictionnaire de I. Pierre LEGRAND. Dans le Glossaire du livre de ioisin, publié par BRUN-LAVAINNE, il y a : *Pourcaher* (pourchasser.)

POURCHAU, *s. m.*— Marque produite par l'extravasation du sang et qui paraît au doigt lorsqu'il été pris soit par une pince, soit par une porte, etc. A Valenciennes, on dit : *pinchon*.

POURCHAU, *s. m.* — Pourceau, cochon.

> Qui fait du bien à sin *pourchau* le r'trouv' din sin salo.
>
> (*Dicton*).

POURCHAU D' MUR, *s. m.* — Cloporte, *multipeda*.

POURCHÈLERIE. — Taudis.

POURCHELET. — Petit *pourchau*.
Il y a à Lille, la cour du *Pourchelet*.

POURCHI, *s. m.* — Porcherie.
Au figuré, maison en désordre, malpropre.

POURETTE, *s. f.* — Poussière de charbon de bois.

POURMENATE, *s. f.* — Promenade.

POURMENER, *v. a.* — Promener.

POURMIRER, *v.* — Regarder attentivement.

POURMIRER (Se), *v. p.* — Se regarder avec complaisance, avec admiration.

POVU. — Participe passé du verbe pouvoir.

POUSSATE, *s. f.* — Poussée.

Tout d'un cop! i vien' eun' *poussate*,
Conte l' mur on m' rétind tout' plate!

Desrousseaux.
(*Le Spectacle gratis.*)

PRÉAU, *s. m.* — Roseau. Il est coutume de jete du *préau* dans les rues où passe la procession.

Et des *préaux* à l' procession.

L. Debuire.
(*Les Lilloises.*)

PREMME, *adj.* — Premier. (Voir *Derne.*)

PRISÉE, *s. f.* — Estimation, taxe du pain.

PRIVÉE. — Voir *Bacatiau.*)

PRONNE, *s. f.* — Prune, *prunum;* roman *pronne.*

Ch'est eun' bonn' chochonne,
Elle aim' mieux un p'tit verr' qu'ean' *pronne.*

(*Dicton.*)

Au figuré, soufflet.

J' li donn'ros volintiers des *pronnes*,
Si min cœur n'étot point si bon.

Desrousseaux.
(*Mes Étrennes*, 1861.)

PUÏR, *v.* — Puer, infecter.

PUISSANT, *adj.* — Gros et gras; qui a de la corpulence.

PUN, *subst.*—Pomme.— *Pun-d'-tierre*, pomme de terre. — *Peun'poire*, pomme-poire, espèce de reinette grise.

PUNACHE, *s. f.* — Punaise.

Aussi plat' qu'eun' *punache*
J' n'ai pu d'dins sus l' devant.

Delobelle.

(*La Liquette de Desrousseaux.*) .

PURER, *v.* — Épurer.

Ros'-Magrite, in *purant* ses chintes.

Desrousseaux.

(*Violette*, pasquille.)

PURIAU, *s. m.* — On donne ce nom, au village, au réceptacle de l'urine des vaches, laquelle sert à engraisser les terres.

PURIN, *adj.* — Pur ; féminin *puraine.*

« *Puraine* (pure), véritable. » (Roisin, *Glossaire.*)

Ch'est tout *purin* de l' sorte après les bons.

(*Dicton.*)

PURO, *s. m.* — Ustensile servant à *purer* les cendres pour en retirer les *escarbiles* afin de pouvoir les rebrûler. (Voir *Escarbile.*)

PUS-MÈ-QUE. — Rien que.

— T'a incor' des tablett's pour boir' du café, Françoise ?
— Va non, va, Lilique, je n' n'ai *pus-mé-qu'eune.*

PUTE, *s. f.* — Femme prostituée. On appelle *putage*, la débauche que l'on fait avec les *putes*, de *putida*.

« Les femmes de mauvaise vie, ou *putes*, étaient jadis
» aux Pays-Bas sous la surveillance des rois des Ribauds,
» et ces derniers cumulaient souvent avec ces fonctions
» celle de bourreau. Aussi leur donnait-on, surtout en
» Hainaut, le nom de *putier.* »

M. Emile Gachet.

(*Glossaire roman.*)

Q

QOEUCHE, *s. f.* — Morceau de pain-d'épice, pierre à aiguiser nommée autrefois *Queux*.

On le trouve dans FURETIÈRE qui le donne comme vieux.

M. DESROUSSEAUX écrit ce mot par un *K*.

« .... L' Grand-Magasin, avec ses 365 ferniètes, s'rot
» trop p'tit pour rinsérer tous les *kæuches* d' pain-n'épice
» qu'on y a vindues.... »

Desrousseaux.

(*Souvenance du temps passé.—Foire de Lille.*)

QUARTEAU, *s. m.* — Petit tonneau à l'usage des savonniers et dans lequel on met le savon liquide.

QUARTELETTE, *s. f.* — Diminutif de *quarteau*.

Quartelette est le nom d'un marchand d'oiseaux, fameux ivrogne s'il faut en croire une chanson lilloise qui l'a rendu célèbre :

Connaichez-vous *Quartelette*,
Quartelette, marchand d'ojeaux ?
Pour avoir bu eun' canette
I s'a rédui' au tombeau.

QUARTERIER, *s. m.* — Infirme. Ce mot provient de ce que, autrefois, tous les trimestres, c'est-à-dire à chaque *quart* de l'année, on portait, à domicile, les sacrements aux personnes invalides, de là *quarterier*, *quarterière*.

> Malheureus'mint, j' sus cloé' sus m' cayère.,
> A tout moumint j' crains d' dev'nir *quarterière*...
>
> **Desrousseaux.**
> (*Le Broquelet d'autrefois.*)

QUARTERON, *s. m.* — Quatrième partie d'un tout.

On emploie encore ce mot pour compter certaines marchandises : les œufs, les noix, etc...; par exemple alors, le *quarteron* est de vingt-six.

> Et j' m'in vas vous canter
> Un d'mi *quart'ron* d' couplets.
>
> **L. Debuire.**
> (*Les Lilloises.*)

QUATE-A-QUATE. — Courir très-vite, onomatopée du galop des chevaux.

> Ell' cour' à s' mason, *quate-à-quate*.
>
> **Desrousseaux.**

QUEMEINNÉE, *s. f.* — Cheminée.

QUEMEINNIAU, *s. f.* — Manteau de *quemeinnée*.

QUENECQUES, QNECQUES, *s. f. pl.* — Petites billes en terre cuite dont se servent les enfants pour jouer.

On dit d'une jeune fille qui a éconduit un amoureux, qu'elle *l'a invoyé juer à qnecques*.

QUENNEBUICHE, *s. f.* — Chenevis, graine de chanvre.

QUER. — Cher.

V'la un saut qui li coutera *quer*.

Brûle-Maison.
(*Septième recueil.*)

QUER (Avoir). — Se dit pour aimer, chérir.

« Un amant dit à sa maîtresse ou une mère à son enfant » qu'elle embrasse : *je t'ai ker*. C'est une tournure qui » n'est pas dénuée de grâce et d'originalité ; elle appar- » tient exclusivement à nos contrées. »

E.-A. Escallier.

Nous trouvons cette expression dans les œuvres choisies de BRULE-MAISON, dans une pasquille intitulée : *la Demande en mariage* :

— *L'amoureux*
Awi j' l'aime et j' *l'ai quer,*
Ch'est double amour,
Et je n' sais qu'à tant qu'ell' sot m' femme.

QUERRE, *v.* — Tomber, du latin *cadere.*

I clenne du côté qui veut *querre.*

(Dicton.)

QUERRE. — Aller chercher, de *quérir.*

» *Quérir* ou *querre.* Vieux mot qui signifioit autrefois » *chercher,* qui ne se dit plus que proverbialement. Il » vaut mieux tenir que *quérir.* »

Furetière.
(*Dictionnaire universel* . M. DCC. XXVII.)

QUERRE (Prête à), *loc.* — Être sur le point de devenir mère.

Vett' mi, tous l's ans
Ch'est un infant
Et m' femme est incor' *prête à querre.*

A. Danis.
(*Le Retour d'André.*)

QUERTIEN, *s. m.* — Chrétien.

« La garde-couche, en portant l'enfant au baptême, dit » à l'accouchée : J'emmène un payen, j' rapporterai un » *quertien*. Cette formule est d'obligation. »

Hécart.

(*Dictionnaire rouchi-français.*)

On croit à Lille qu'il n'est pas bon d'aller seul la nuit chercher la sage-femme pour un accouchement. On recevrait, dit-on, des soufflets... parce que l'enfant n'est pas *quertien*. C'est une vieille croyance que M. Desrousseaux a oublié en composant sa chanson des *Vieilles Croyances*, et nous le regrettons.

QUERTIN, *subst. m.*— Panier à anse dont font usage nos ménagères pour aller à la provision.

On désigne encore sous le nom de *quertin* une muselière en osier qui a la forme d'un panier.

QUERVÉ. — Soûl.

Quervé comme eune andoule.
Quervé comme un Polonais.

(*Dictons.*)

QUESNEL. — Ancien mot qui signifiait *quesne*, chêne, d'où *quesnoy*, chenaie, lieu planté de *quesnes*.

QUEU, QUEUL, *adj.* — Quel.

« On retranche l'*l* chaque fois que le mot suivant commence par une consonne : *quel imbétant*, *queu drôle* » *d'homme*. »

Desrousseaux.

QUEU TOUT, *adv.* — Combien, grande quantité.

QUEUE D' SORIS. — Tabatière en écorce d'arbre dont se sert nos priseuses.

On sait qu'il y a à la couverture de cette tabatière une lanière de cuir qui ressemble assez à une queue de souris, de là son nom.

On dirot qu'on m' donue un cop d' sabre
Quand j' vos qu'ell' prind, vrai comm' je l' dis,
Eun' sal' boîte in écorche d'abre,
Qu'on appelle, j' cros, *queue d' soris.*

Desrousseaux.

(*Ne m' parlez point d'eun' femm' qui prisse.*)

QUEUETTE (Faire) ou *bis.* — Faire l'école buissonnière, s'absenter sans permission.

Car chinq six jours y f'ra *queuette.*

C. Decottignies.

(*Le Gamin de Lille.*)

QUEURT. — Verbe courir, *troisième personne.*

QUEVA, *s. m.* — Cheval.

Ch'est un bon *qu'va* d' trompette i n' s'épouvinte point du bruit. (*Dicton.*)

QUEUTE, *s. f.* — Bière. Ne se dit presque plus.

QUIA (Être à). — Être à bout de ressources, ne savoir plus que dire ni que faire. FURETIÈRE donne ce mot et dit :

« *Quia.* Terme latin, qui ne s'emploie qu'en cette » phrase proverbiale : *il est à quia.* »

QUI-CH? QUOI-CH? — Qui est-ce? qu'est-ce?

QUIEN, *s. m.* — Chien.

Autrefois, le chien attelé à de petites charrettes

servait aux bouchers, boulangers, marchands de lait, de légumes, etc., pour le transport de leurs marchandises.

QUINNETOUSSE, *s. f.* — Quinte-toux.

J'ai su de l' fill' de *Ma Rousse*
Qu'il avot attrapé l' *quinn'tousse.*

Brûle-Maison.
(*Le Mari mort et oublié.*)

QUIN QUIN, *s. m.* — Nom d'amitié qu'on donne aux enfants.

Un cabaretier de notre ville a eu l'heureuse idée de placer son établissement sous l'invocation du *P'tit-Quinquin*, en souvenir de la célébrité acquise par l' *Canchon-dormoire*, que le peuple de Lille, son père adoptif, a surnommée : le *P'tit-Quinquin.* Cette circonstance a fourni à notre chansonnier le plus populaire, le sujet d'une chanson dont voici le refrain :

Au cabaret du *P'tit-Quinquin*
On est sur d'infoncer l' chagrin.

A ce propos nous lisons dans la *Revue du mois*, du 25 février 1861, les lignes que voici :

« Tout le monde ici et même ailleurs se rappellent cet » air et ces paroles qui ont acquis tant de popularité, mais » ce qu'il y a d'assez curieux, c'est l'enseigne peinte du » susdit cabaret, qui représente un berceau, et très-bien, » ma foi ! Cette enseigne d'un nouveau genre est des plus » morales : elle rappellera au buveur qui entre qu'il ne » doit pas s'attarder et que si son gosier est altéré par la » fatigue, des petites bouches sont ouvertes ailleurs qui » ont faim et soif aussi. »

H. H.

QUIOU, *s. m.* — (Voir *Pain-de-moine*).

QUOI (Avoir de). — Avoir des moyens pécuniaires.

R

RABACHER, *v.* — Rabaisser.

RABRACHER, *v.* — Relever, retrousser ses manches.

RABROUTTER, *v.* — Revenir, retourner au lieu d'où l'on était parti. — Litt. se rebrouetter.

Et si j' ramasse
Des doupe' in masse,
Bien vite, à Lille, j' *rabrout'rai*
Vive d' mes rintes.

Desrousseaux.

(L' Marchand d' faltran.)

RACACHER.—Chasser, rechasser un volant par des coups de raquette.

Nous trouvons ce mot dans la chanson intitulée : *Jean-Gilles* :

I faulot m' vir au mitan d' ches marmottes
J'avos tout l'air d'un volant *racaché*.

Desrousseaux.

RACCOURCHIR, *v. a.* — Raccourcir.

Lorsque l'on guillotine quelqu'un on le *raccourchit*.

RACCROC, *s. m.* — On nomme ainsi l'octave

d'une fête. *Raccroc de ducasse, raccroc de noces.* On se *raccroche* pour ainsi dire à ces fêtes. (Voir *Ducasse.*)

RACCUSÈTE, *subst.* — Qui dénonce, déclare, accuse.

Raccusète d' pâté
Trinte-six pour un pet.

(*Refrain connu.*)

RACHABOTEUX. — Nous trouvons ce mot dans la pasquille : *Une tourquennoise et un savetier de Lille*, il signifie mauvais savetier, qui raccommode mal les vieux souliers :

Eh! non, non, va *rachaboteux*,
I m' faut des sorlets pour min fieu....

Brûle-Maison.

RACHE, *s. f.* — Race.

Il est de l' *rache* des poux i faut l' tuer pour qui meurche.

(*Proverbe lillois.*)

RACHEMER, *v.* — Coiffer, habiller.

On dit d'une fille qui est destinée au célibat : *Elle va rachemer sainte Catherine.*

RACOIN, RENCOIN, RINCOIN, *s. m.* — Recoin, coin caché.

Le premier se dit à Lille, les deux autres dans les environs de Douai. Ces mots peuvent venir de l'espagnol *rincon*, réduit.

RAFISTOLER, *v. a.* — Restaurer, réparer, rétablir, remettre en bon état.

RAFURER, *v. a.* — Par analogie avec le jeu de

rafle, que nous prononçons *rafe*, on dit *rafurer* pour exprimer l'action d'empocher ce qu'on a gagné.

On appelait autrefois *rafureur*, les individus dont le métier consistait à fouiller les ruisseaux, les égouts, pour y trouver des clous, de la ferraille, etc.

RAGEINTILLER, *v.* — Rendre gentil.

RAINE. *s. f.* — Grenouille.

Du latin *rana* et du vieux français *ranotte*, *rainette*, *renette* et *raine*. Il y a à Lille la rue du *Pont-à-Raisnes*.

RAING, *s. m.* — Rang. Sol entre la façade des maisons et le filet d'eau (ruisseau). Se perd depuis l'établissement des trottoirs.

Sinon que j' me r'tiens,
J' fich'ros l'homme et l's ojeaux su l' *raing*.

(Chanson par **J. Grimonprez**, *vendue le jour du Lætare* 1861.)

RAMAS, *s. m.* — Ce qui reste dans les tonneaux de bière.

Faut mi fair' tant d'imbarras
Aveuc vou minchant *ramas*.

L. Debuire.

(Le Broquelet moderne.)

RAMINTUVOIR, *v. a.* — Faire ressouvenir, remettre en mémoire.

Manicour, qui connos l'histoire,
Vous *ramintuv'ra*
Tout chin qu'on voudra.

Desrousseaux.

(Manicour.)

Richelet, dans son *Dictionaire François*, (M.DCC.X.), donne ce mot comme vieux. Il est très en usage à Lille.

RAMON, *s. m.* — Balai. « De *ramus*, dit Roquefort, parce qu'il est fait de petites branches. » C'est un ancien mot français; il est resté *ramonage*, *ramoner* et *ramoneur*.

« Son nom de *ramon* lui vient de ce qu'il sert à *ramonceler*, à mettre en *mont* (on écrivait autrefois *mon*) ce qu'on balaie. »

Escallier.

Nouviau *ramon*, *ramone* bien.

(*Dicton*).

RAMON, *s. m.* — Il y avait autrefois une danse de caractère de ce nom. Voici en quoi elle consistait : une personne avait un manche et une autre un *ramon*, il s'agissait en dansant de mettre le manche dans le *ramon*.

Pour danser l' *ramon*
J' min va' accorder min violon.

Desrousseaux.
(Le vieux Ménétrier.)

RAMONCHAU, *s. m.* — Petit *ramon*.

V'là des chabots, des *ramons* d' camomile,
Des *ramonchaux*....

Desrousseaux.
(*L' Graissier*, Mes Etrennes, 1860.)

RANDOUILLER, *v. n.* — « Aller à la recherche avec curiosité et indiscrétion dans un ou plusieurs lieux. » (Brun-Lavainne.)

« Aller et venir sans motif sérieux, apparent. » (Pierre Legrand.)

RAPAJER, *v.* — Apaiser, adoucir, calmer.

Ni les marionnett's, ni l' pain-népice
N'ont produit d'effet, mais l' martinet
A vit' *rapagé* l' petit Narcisse
Qui craingnot d' vir arriver l' baudet.

Desrousseaux.

(L' Canchon dormoire.)

RAQUE (Rester in), *loc.* — Ne savoir sortir d'une chose qu'on a entreprise, ne savoir se tirer d'une mauvaise situation. On dit d'une charrette embourbée dans un mauvais chemin; qu'elle est restée *in raque*; un chanteur qui ne peut finir sa chanson reste *in raque*; exemple :

Et l' marrain' roucoule eun' romance
Mais comme ell' reste *in raque* aussi
J' leu dis : « Veyons! faut faire eun' danse! »

Desrousseaux.

(L' Baptême du P'tit-Riquiqui.)

RAQUER, *v.* — Cracher.

« *Raquer*, patois des environs de Lille, s'est répandu » de proche en proche jusques dans nos campagnes. J'ai » entendu à Bondues, à Linselles, à Mouveaux et autres » villages, des amoureux dire à leurs maîtresses : *Si te* » *m'aimes ben raque den m' bouque*. Singulière preuve » d'amour ! »

Hécart,

(Dictionnaire rouchi-français.)

RASIÈRE, *subst. f.* — Mesure agraire de 40 à 48 ares; mesure de capacité de 90 litres environ.

RASO, *s. m.* — Rasoir. Ce mot vient peut-être de l'espagnol *raso*, qui signifie *rasé*.

Mi, in tros, quat' cops de *raso*, craque!
J' cope les ch'veux au goût du jour,
Et v'là l' barbier d' la ru' d's Etaques
Qui n' rass' personne avant sin tour

Dolobelle.

(L' Barbier d' la ru' d's Étaques.)

RASSARSIR, *v.* — Faire des reprises à une étoffe, des bas, etc...

Ce mot, sans synonyme en français, vient du latin *ressarcire*, raccommoder.

RATA, *s. m.* — Abréviation de *ratatouille*, bouillie de pommes de terre. D'un usage général.

Mais comme j' canjos d'allure,
Au momint d' minger l' *rata*....

Desrousseaux.

(L' Garchon d'Hôpita.)

RATE, *s. f.* — Rat, mâle ou femelle.

RATIAU, *s. m.* — Râteau, outil de jardinage.

RATTIAU, *s. m.* — Apprenti rattacheur dans les filatures.

RAVACHE, *s. f.* — Cage servant à renfermer la poule qui a des petits pour les empêcher de courir. Elle est en osier.

RAVERDIR, *v.* — Reverdir.

Te v'la bien planté pour *raverdir*.

(Dicton.)

RAVISER, *v. a.* — Regarder.

Tout di, mon Dieu Seigneur, que' mond' dessus la Place;
In' dia jamais tant eu l' dimanche de l' ducasse!
Mag'rit' er' gard'on? *Ravis' ravise* ein pau
Combé hi' d'ia hici, combé hi' d'iâ l'auvau?

(El' Doudou, (en montois,)
OEuvres facétieuses de **H. Delmotte.**)

RECHENNER, *v. n.* — Repas entre le dîner et le souper. Autrefois *reciner*, du latin *recenare.*

« Il semble qu'en nos maisons, les déjeuners, les *reci-*
» *ners* et les collations fussent plus fréquentes et ordinaires
» qu'à présent. »

Montaigne.

(Exemple cité par M. Roussel-Defontaine, dans son excellente *Histoire de Tourcoing.*)

RÉCOURRE, *v.* — Recouvrer, qui est échu en partage.

.... J'ai *réqueu* eun' piau d' mouton.

Desrousseaux.

(Lettre de Popold.)

RÉCURER, *v.* — Écurer, nettoyer, frotter la vaisselle.

REGÉROT, *adj.* — Homme à tête légère; féminin *regérotte.*

Ch'est un *regérot*, i n'a point tout sin poisse.

(Dicton.)

REJETER, *v.* — Vomir.

Bétot, dégoûté,
Vit' j'ai tout *r'jeté*
Dins l' bac à carbon
Tell'mint qu' ch'étot bon.

Desrousseaux.

(Une Promenade en bateau.)

RELUQUER, *v.* — Regarder.

RÉMOLA, *s. m.* — Espèce de rave ou raifort gris.

A ch't heur' lait-battu, *rémolas*,
Puns-d'-tierr's, ch'est chin qui n'y a d' pus gras
Pour un vieux traineu d' vinaigrettes.

Desrousseaux.
(Les Vinaigrettes.)

RENDAGE, *s. m.* — Loyer. Se dit pour les terres mais jamais pour les habitations.

RENFORTIFIER, *v.* — Rendre plus fort.
On *renfortifie* un bas en y faisant une reprise.

RÉPOURER, *v. a.* — Épousseter, enlever la poussière, et *répouro*, chiffon qui sert à *répourer*.

REQUINQUER, *v.* — Parer, habiller.

Tous les dimanche' à la Funquée
(Ch'étot l' pus biell' guinguett' du temps)
Avec s' maîtresse bien *r'quinquée*
P'tit-Pric' faijot l' Roger-Bon-Temps.

Desrousseaux.
(Histoire de P'tit-Price et de Marianne-Tambour.)

RÉSIPÈRE, *s. m.* — Erysipèle.

RESSUER, *v. a.* — Essuyer.

RETOURNER (Savoir se), *loc.* — Avoir à soi des moyens de se tirer d'affaire, de vivre dans l'aisance.

Un certain jour, on s'in ira
A l' chim'tière infouir tes oches....
Mi, j' me r'tourn'rai, mais tes mioches
Quoich' qu'i d'viendront ?

Desrousseaux.
(Choisse et Thrinette.)

RÉÜ, *adj.* — Ne savoir quel parti prendre, être embarrassé, à bout de moyens.

> Vous volez des canchons pour rire?
> Ah! mon Dieu, qu' vous m' rindez *réü!*
> Je n' sais vraimint point quoi vous dire,
> J'ai biau cacher comme un perdu.
>
> **Desrousseaux.**
> *(L'Habit d' min vieux grand-père.)*

REUPER, *v. n.* — Roter, faire des rots.

REVELEUX, *adj.* — Vif, qui se rebelle, qui se mutine.

RIACHE, *s. m.* — Action de rire.

> L' peur qu'on a de s' mette in ménache
> Va, laichons cha pou les rich's gins,
> Avec leus argint
> I n'acat'ront mie du *riache.*
>
> **Brûle-Maison.**
> *(Sixième recueil.)*

RIC-A-RIC. — Ni plus ni moins.

RICDOULLE, *s. f.* — Ribote.

> Un s'entend pour une *ric-doulle*
> Qu'un f'ra l' diminch' qui suivra....
>
> **A. Danis.**
> *(Le grand Gala.)*

RICHEAU, *s. m.* — Ruisseau, petit courant d'eau. « RUIOT, *fil d'eau.* » (ROISÌN, *Glossaire.*)

Becque est synonyme de ruisseau dans les arrondissements de la ci-devant Flandre maritime : *la Becque du Vieux-Berquin*, *la Becque de Nieppe*, etc. Il y a à Lille un ruisseau du nom de *Béquerel.*

RIÉ ou RIEZ, *s. m.* — Terre non labourée. C'est ur le *rié* de la Madeleine qu'a été bâti l'hospice-énéral. La partie de ce monument qui était con-acrée au *tour* et à l'habitation des enfants trouvés e nommait le *rié*, ainsi que le prouve le quatrain uivant que nous extrayons de l'une des premières hansons de M. DESROUSSEAUX, imprimées à Lille, n 1838, chez L. JACQUÉ :

J' sus v'nu au monde à Lille,
Dins l' rue du Curé;
M' mère étan' incor' fille
M'a plaché au *rié*.

(Le Marchand de Chansons.)

RIEZ, *s.m.* — Ruisseau.

« Du roman *riau*, *riu*, formé du celtique *rius*.
» En sanscrit *ry* signifie *couler*.

» Vos vaques niront mi au *riez*.
(1756. Reg. 12, *Inscrip. des Bourgeois.* — Arch. commun. de Lille.) »

Ch. Roussel-Defontaine.
(Histoire de Tourcoing.)

RIHOUR ou RIHOULT. — Ancien nom de la place et de l'hôtel-de-ville.

(Voir *le Palais de Rihour*, par M. BRUN-LAVAINNE.)

RINCE, *s. m.* — Mauvais sujet.

RINCÉE, *s. f.* — Volée de coups.

RINQUINQUIN (Faire sin), *loc.* — Faire acte de rébellion.

Mais tout d'un cop, v'la que s' monture
In passant tout près d'un molin,
A peur et fait sin *rinquinquin*....

Desrousseaux.
(L'Agilité, pasquille.)

RINTRÉE, *s. f.* — Sortie, mot facétieux.

Qu'il avot des drôl's de *rintrées* ch' l'homme.

Desrousseaux.
(*Brûle-Maison*, chanson.)

RIVAGEOS, *s. m. pl.* — Litt. *rivageois*, habitants du rivage.

Les *Rivageos* sont trop lurons;
Y t' foutroient béto ju du pont.

M. F. F.
(*Chansons lilloises*, 1838.)

ROBORER, *v.* — Murmurer contre, regimber. A Douai, on dit *roboler*.

M. le docteur ESCALLIER, dans une de ses *Lettres sur le patois*, dit ce qui suit à propos de ce mot : « A Lille, on dit *Roborer*. Lisez les très-divertissantes *chansons et pasquilles* de M. DESROUSSEAUX, qui manie mieux que personne l'idiôme lillois, et vous verrez :

» Infin, tout d'puis ch' temps là Charlotte,
» Dins sin ménach' port' les culottes;
» Quand eun' fo elle a commandé,
» Sin pauvre homm' n'oss' pu *roborer*. »

(*La singulière Séparation*, chanson.)

RO-BOT. — Litt. *roi-boit*. Il n'y a que dans ce cas que l'on dit *ro*, dans tous les autres, on écrit *roi*, et on prononce *roie*. (Voir *Billet du roi*.)

ROGNONS (Jouer aux). — C'est le jeu du *cheval fondu*. (Voir BESCHERELLE aîné, *Jeux chez tous les peuples du monde*.)

ROJIN, *s. m.* — Raisin.

Au figuré, recevoir un *rojin*, recevoir un coup poing. *Rojin*, pris avec un qualificatif, mot ical.

Dors min p'tit quinquin,
Min p'tit pouchin,
Min gros *rogin*.

Desrousseaux.

(*L' Canchon dormoire.*)

ROND, *adj.* — Soûl.

On a parlé d' Grégoire
Qui étot toudis *rond;*
On dirot qu' te t' fais gloire
D'imiter ch' grand capon.

Desrousseaux.

(*L'Ivrogne et sa Femme.*)

RONDELLE, *s. f.* — Tonneau à bière de la conance de 80 *pots* environ.

Baccu, dieu d' l'houblon,
S' tiendra à q'valion
Sur unn' *triple rondelle !...*
Je n' pariero point
Qu'in l'honneur de ch' saint
On n' brûl'ra point d' candelle....

Desrousseaux.

(*Chanson-Programme*, cortége-cavalcade, 1861.)

RONGNEUX, *s. m.* — Petit, faible, chétif. Il se des personnes et des choses.

Infin, ch' petit *rongneux* d' life,
In dit tant, tant, tant, tant, tant,
Que j' veux bien r'chevoir eun' gife,
Si j'in racont' la mitan....

Desrousreaux.

(*L'Almanach de poche.*)

ROSA, *s. m.* — Pomme, reinette rouge.

Rouche comme un *rosa.*

(Dicton.)

Prince Rosa est le sobriquet d'un de nos marchands de pommes.

ROT, *adj.* — Raide.

Les grands jour', avé m'n hall'barde,
Je m' ten'rai *rot* comm' du fier.

Desrousseaux.

(Le Sergent de chœur.)

Ce mot donne la signification du nom d'une de nos rues : *Robleds* (bleds-raides).

ROTER, *v.* — Oter. Il vieillit.

Puisque l' bon Dieu vous l' la *roté,*
Qu'mint-ch' que vous volez l'intierrer ?

Brûle-Maison.

(Le Mari mort et oublié.)

ROUCHE ET RACHE (Faire), *loc.* — Se dit ironiquement d'une personne qui promet de faire *monts et merveilles.*

ROU DOU DOU. — Tambour, onomatopée du son de cet instrument.

Je vais vire chés *roudoudoux*
Aveuque tous chés milices.

Brûle-Maison.

(Le Tourquennois engagé milice.)

Lors de la célèbre cavalcade qui eut lieu le jour de la mi-carême 1851, M. Desrousseaux composa une *chanson-programme* qui fut vendue au bénéfice pauvres, et dont le refrain commençait ainsi :

Rou dou dou, rou dou dou,
Accourez teurtous, etc.

ROUFION, *s. m.* — Rufien, homme débauché, i vit avec des femmes de mauvaise vie; du latin *ffiano*.

ROSTE, *adj.* — Soûl, ivre.

« Je crois ce terme plus lillois que rouchi ; en rouch
» on dit *kervé* ou *quervé*. »

Hécart.

Nous avons également *quervé*, et il se dit plus sount que *roste* qui, aujourd'hui, ne s'emploie que ns les environs de Lille.

ROUPILLER, *v.* — Dormir.

ROUSTI. — Participe passé du verbe *roustir*.

ROUSTIR, *v. a.* — Rôtir, figurément mourir, iner...

On n'intind pus qu'un cri :
« Il est cuit et *rousti !*

Desrousseaux.
(*L' Molin Duhamel.*)

RUCHONNER, *v.* — Murmurer, parler entre ses ents. On a le substantif *ruchon*.

RUFLE, *s. f.* — Pelle d'une forme particulière à ianche court, dont se servent les femmes de ménage : surtout les débitants de charbon, etc.

On a le verbe *rufler* et on dit d'un homme trèsiche, qu'il a de l'argent à *rufler*.

RUFLETTE, *s. f.* — Petite *rufle* en usage sur chez les épiciers.

Et gros Françōs
A donné s' *rufflette*
Et eun' pell' tout rimplie d' b...
Pour mette d'dins.

Brûle-Maison.
(*Complainte.*)

RUER, *v. a.* — Jeter. (Voir *Jus.*) Ce mot se tro dans Roisin.

Tout ch' qui est findu n'est point a *rué* invoie.
(*Dicton.*)

RUSSES, *s. f. pl* — Embarras, *faire des rus* causer des tracasseries.

A ch' t' heur' nous savons bien qu' les Russes
N' sont point si diables qui sont noirs ;
Chaqu' nuit, nous leu *faijons des russes*,
Quand on sait qui dort'nt comm' des loirs.

Desrousseaux.
(*Lettre de Popold.*)

RU-TOUT-JU, *s. m. et f.* —Franc, sans déto qui dit hardiment sa façon de penser.

J'ai rincontré sus l' rivache
Mad'lon cheull' gross' *ru-tout-ju.*

Desrousseaux.
(*L' Lusot*, 3e. vol.

R'WIDIACHE, *s. m.* — De *widier. Raccroc* (ce mot) d'un baptême. M. Desrousseaux n donne exactement la description de cette fêt repas qui a lieu dans un cabaret, le jour des r vailles de couches.

S

Dans le corps d'un mot, et placée entre deux voyelles, cette lettre se change presque toujours en *j*. (Voir *J*.)

Lorsqu'il y en a deux, elles se changent assez souvent en *ch*. Ainsi, *glisser* fait *glicher*, etc...

S (Faire des), *loc.* — Faire des zigzags en marchant, lorsqu'on est pris de boisson.

Comme il avot bu pus d'eun' goutte,
Sans cracher su' l' bièr' ni l' café,
Faijant des *S* tout l' long de l' route,
I criot comme un inragé :
Puisque no vill' va s'agrandir
Faut s' réjouir.

(*Chanson lilloise.*)

SABOULE, *s. f.* — Réprimande, reproche. Du roman *saboule*.

SABOULER, *v. a.* — Jeter après quelqu'un ou après quelque chose.

On *saboule* un bâtiment en faisant pleuvoir dessus une grêle de pierres ou de cailloux, des individus en les poursuivant à coups de pierres ou de boulets de neige, etc.

SACLET, *s. m.* — Petit sac.

Les enfants font *tirer au p'tit saclet* et, pour appeler leurs camarades, ils crient :

Au p'tit *saclet!*
On n'y perd jamais, on a toujours pour son liard.

Voici un petit *compliment* que, le jour de l'an, les

enfants des ouvriers lillois récitent invariablemen chez toutes les personnes auxquelles ils vont sou haiter la bonne année :

Eun' bonne ainnée!
Eun' parfait' santé!
Mettez vo main din vo *saclet*,
Vous verrez chin qu'vous m' donn'rez.

SAHUT, SÉHU, *s. m.* — Sureau.

SAHUTEAUX, SAHUTIAUX, *s. m. pl.* — Peti *sahuts*. Il y a à Lille la rue des *Sahuteaux*.

« Le sureau étant appelé par le peuple de Lille *sahu* » les *sahuteaux* pourraient bien être de petits sureaux.

Victor Derode.
(*Histoire de Lille.*)

Quand l' joyeux son d'eun' clarinette,
D'un tambour et d' des chifflotiaux,
Arriv' de l' ru' des *Sahutiaux*.

Desrousseaux.
(*Violette*, pasquille.)

SAIE, SAIETTE, *s. f.* — Étoffe de laine. (Vo *Tripe.*)

SAIETEU, *s. m.* — Fabricant de saie, se disa aussi du simple ouvrier. En francisant on pronon *saïetteur*.

SAILLE, *s. f.* — Sauge. (Voir *Persin.*)

SAINT-PIERRE PAR NUIT (Faire), *loc.* — Pa tir, déménager furtivement, en laissant des dette A Valenciennes on dit : faire *Saint-Jean par nuit.*

SAIS-TE? — Sais-tu. Impératif du verbe savoi Cette locution, ainsi que *savez?* dans la forme pl rielle, est fréquemment employée pour affirmer un fait, une intention quelconque.

Dans le duo des *Deux Gamins*, de M. DESROUSSEAUX, le gamin de Lille dit au gamin de Paris qui vient de prendre la mouche :

> « Te v'là incor parti pou l' villache de *Faches*.... Fais-y
> » attintion, *sais-te !* à Lille i n'y-a que l' plaisi qui nous
> » fait vive ; si te n' veux point prinde eune aute route, te
> » viendras langreux comme un cat qui a un vier dins
> » s' queue. »

SALETTE, *s. f.* — Ce mot, autrefois en usage pour désigner une *petite salle,* le fut aussi pour *relaverie.*

Nous l'avons vu bien des fois employé en ce sens, dans les vieux manuscrits que possède M. GENTIL-DESCAMPS, et notamment dans un acte d'un notaire (1614) du nom de BELGAMBE, lequel dessinait, près de sa signature, une lune (*bielle ou belle*) et une jambe (*gambe*).

Ces écrits ne sont pas la partie la moins curieuse du cabinet de M. GENTIL-DESCAMPS. Ils peuvent être consultés avec fruit par les amateurs de l'histoire de notre pays.

SALIGOT-TE, *s.* — Qui se plaît dans la malpropreté.

On trouve dans BESCHERELLE : *Saligaud*, *Saligaude.* Il est d'ailleurs d'un usage général.

SALO, *s. m.* — Saloir. Espèce de tonneau pour saler les viandes.

La fosse commune du cimetière de Lille est appelée vulgairement l' *salo.*

Ce n'est pas sans une certaine tristesse que les

Lillois y ont vu enterrer l'Homme-Bleu, ce vieillard excentrique, dont l'une des *toquades* était d'avoir des funérailles princières.

SALOPETTE, *s. f.* — Pantalon de toile.

> Un jour qu'il avot fait faire
> D'eun' *salopette*, un cainu'çon,
> Au tailleur, un pauv' grand-père
> I d'mande l' prix de s' façon.
>
> **Desrousseaux.**
>
> (*L'Avaricieux*. Mes Etrennes, 1861.)

SALUER, *v.* — S'emploie pour *offrir*, *présenter*, lorsque, faisant bon accueil à quelqu'un, on lui offre un verre de bière, de vin, etc.

> Aussitôt j'intre au *P'tit-Baptême*,
> Et là, j' vo' eun' douzain' de femmes,
> Qui, d'un verr' de bièr' m'ont *salué*,
> In m' dijant : Chos, à vot' santé!
>
> **Desrousseaux.**
>
> (*Le R'vidiache*, pasquille.)

SANDRINETTE, *s. f.* — On appelait autrefois *sandrinette* la coiffure que l'on nomme aujourd'hui *huvette*.

SANGSURE, *s. f.* — Sangsue, *hirudo*.

SANSONNET, *s. m.* — Le peuple de Lille appelle ainsi le convoi du pauvre, parce que les cloches de l'église ne *sonnent* pas. — C'est une sorte de calembourg. Espérons qu'il lui sera pardonné, en faveur de sa sobriété dans ce genre d'*esprit*.

SAO (Boire tout sin), *l. p.* — Boire tout son saoul.

SAQUER, *v.* — Tirer ; de l'espagnol *saquar*,

qui signifie la même chose. Figurément, travailler avec ardeur.

SAQUIE, *s. f.* — Plein un sac. *Eun' saquie d'equettes.*

SATIBLEU. — Juron local.

On dit aussi : *Saquerdier*, *sacristi* et *cristi.*

SAURET, *s. m.* — Hareng saur.

« Sor, *sore*, *sores* : de couleur jaune, sec, blond rouss
» par la fumée, comme le hareng, roussâtre. »

J.-B.-B. Roquefort.

(*Glossaire de la langue romane.*)

SAUTERIAU, *s. m.* — Sauterelle, coléoptère. Se nomme aussi *queva d'hierbe* (Cheval d'herbe.)

Elle accepte, et, d' l'orchesse,
L' violon, l' piston, l' gross'-caisse,
Nous ont fait fair' des sauts
Comm' des vrais *sauteriaux.*

Desrousseaux.

(*Une Aventure de carnaval.*)

SAVAIE ! — Savez-vous. (Voir *Sais-te !*)

SAVEZ (Dire), *loc.* — « Dire : *Savez !* à un four-
» nisseur, cela équivaut à ceci : Je n'ai pas d'argent
» à vous donner.

» Te vos donc, qu' si ch' n'est qu' j'ai l' ressource
» Quand nous somm's réduit' à l' plat'-bourse,
» De dir' *savez !* au boulinger,
» Et au graissier,
» Je n' poros jamais m'in r'tirer. »

Desrousseaux.

(*Choisse et Thrinette.*)

SCHLAK (Avoir la). — Recevoir des coups; de l'allemand *schalg*, qui signifie la même chose.

SCHNICK, *s. m.* — Genièvre.

A trinte ans j'ai quitté m' famille
Pou partir in colonu' mobile;
J'ai gangné les fièv' à Dantzick,
Et j' n'ai point bu un verr' de *schnick*
Quand j' sus r'venu sans qu'i m'in coûte.

Desrousseaux.
(*Violette*, pasquille.)

SCHNICKEU, *s. m.* — Ivrogne qui boit habituellement du *schnick*.

SHNICKER, *v. n.* — Boire du *schnick*.

SCHNICKERIE, *s. f.* — Fabrique ou débit de *schnick*.

SÇOÏN, *s. m.* — Sciure de bois.

Par exemple, il invoira querre
Tros sous d'hurte au marchand d' *sçoïn*.

Desrousseaux.
(*Min Cousin Myrtil.*)

SÇOYARDE, *s. f.* — Scie.

SÇOYER, *v. a.* — Scier, du roman *soyer*.

SÇOYEU, *s. m.* — Scieur.

V'là l' nœud dit l' *sçoyeu*.
(Dicton.)

SÉ, *s. m.* — Sel.

Et qu'on n' laich' point bourler par tierre
Eun' salièr' rimpli d' *sé*.

Desrousseaux.
(*Les vieilles Croyances.*)

SÉCOT, *s. m.*— Homme maigre.

SEGLOUT, *s. m.* — Hoquet. C'est une espèce d'onomatopée du bruit qui sort de la gorge, lorsqu'on a le hoquet.

Un bon moyen de s' tirer d' peine,
Ch'est d' mainger à gangner l' *seglout.*

Desrousseaux.
(*Voyage à Paris.*)

SELLÉE, *s. f.*— La contenance d'un seau.

Eun' *sellée* d'iau sur un caillo.
(*Dicton.*)

SÈQUE, *adj.* — Féminin de *sec*, sèche.

SÉQUER, *v. a.*— Sécher.

SÉQUERÈCHE, *s. f.*— Sécheresse.

SÉQUOI. — La définition de ce mot a été vivement discutée par MM. P. Legrand et Desrousseaux.

On lit dans la première édition du *Dictionnaire du Patois de Lille*, par le premier de ces auteurs :

« *Séquoi ou deséquoi*, vient de : *Je ne sais quoi*, et veut dire : un objet quelconque, quelque chose.

Je n' poros point tout vous dire,
Tous les *séquois* que j'ai r'marqués.
(*Carnaval de* 1852, Société de la *Descente-de-Fives.*)

Nous trouvons ce qui suit dans le vocabulaire du second volume des œuvres de M. Desrousseaux :

« Dans le petit vocabulaire qui précède mon pre-
» mier volume, et que j'ai écrit sans avoir recours
» à aucun ouvrage sur la matière, j'ai défini ce mot :
» *Chose*, *quelque chose*. J'ai lu depuis l'opinion de

» MM. Lorin, Hécart et Pierre Legrand, notre » concitoyen, lesquels s'accordent à dire que ce mot » est formé de *je ne sais quoi*, pour dire *un objet* » *quelconque, quelque chose*, parce que, disent les » premiers de ces auteurs, lorsqu'on dit : *Donnez-* » *me eun' séquoi*, on *ne sait* ce qu'on obtiendra. » C'est aussi l'observation que m'a faite mon spiri- » tuel confrère Gustave Nadaud. Je n'ai certes pas » la prétention d'entrer en discussion avec de telles » autorités, mais je ne puis cependant leur donner » complètement raison, et voici pourquoi : Quand » je dis : *j'ai eu eun' séquoi*, *je sais* fort bien quelle » est la chose que j'ai eue, seulement, il ne me » plaît pas de la désigner. Donc, dans ce cas, le » sens négatif ou dubitatif n'a plus de raison d'être, » et le sens affirmatif m'éloigne de leur opinion. » M. Legrand a aussi écrit, à tort, *séquoi* ou *desé-* » *quoi*, c'est l'oreille qui l'aura trompé. En effet, » dans la prononciation, *eun' séquoi* ressemble très- » fort à *un d'séquoi*. (L'*e* muet que je retranche doit » forcément disparaître.) »

Voici la réponse de M. Pierre Legrand dans la deuxième édition du *Dictionnaire du Patois de Lille* :

« J'avais, dans la première édition de mon Dic- » tionnaire, écrit *séquoi* ou *deséquoi*, *d'séquoi*.

» M. Desrousseaux pense que mon oreille m'aura » trompé, la prononciation *eun' séquoi* ressemblant » très-fort à *un d' séquoi*.

» En l'absence de textes qui puissent étayer mon » opinion, je n'oserai pas invoquer l'infaillibilité de » mon oreille, mais, avant de me rendre tout-à-fait, » j'émettrai les doutes qui me restent encore.

» *Séquoi* substantivé est du masculin, M. DES-
» ROUSSEAUX le qualifie ainsi dans son petit Glossaire.
» On doit donc dire un *séquoi*, des *séquois*. Pour-
» quoi, cependant, mettre l'article au féminin,
» *cunn' séquoi?* Ne pourrais-je pas dire, plus logi-
» quement que M. DESROUSSEAUX, en retournant
» son argument : Vous avez entendu *cun' séquoi*
» pour *un d' séquoi?*

» Le *de* supplémentaire n'est-il pas un idiotisme
» de langage très-commun dans le patois de Lille
» qui admet cet *augment* pour un grand nombre
» de mots?

» Dans l'hypothèse contraire à mon opinion, on
» se rend difficilement compte du genre féminin
» de l'article qui précède le substantif masculin
» *séquoi*.

» Peut-être faudrait-il reconnaître que *eunn' séquoi*
» est tout bonnement le syncope de *on ne sait quoi*,
» et conserver alors à cette locution le sens incer-
» tain, dubitatif, que lui donne le langage familier.

» On trouve dans BRULE-MAISON un nouvel
» exemple de cette façon de parler, cette fois appli-
» quée, non à une chose, mais à une personne,
» et le sens n'a rien d'affirmatif :

J'ai réveillé m' sœur
En digeant : un buque;
N'y a *unne sequi* à no huï.

(*Le Retour de Jean-Louis.*)

» En résumé, *séquoi* n'est affirmatif que quand
» il est employé comme substantif, et alors on doit
» dire *un séquoi*.

» Nous retrouvons les mots *cin n' saqui* dans la
» première phrase de la parabole de l'Enfant pro-

» digue, traduite en quatre-vingt-et-un dialectes, » pour *un homme*. — (*Patois Wallon*). »

Pour résumer le débat, nous dirons que M. Legrand s'était trompé en écrivant : *séquoi* ou *deséquoi*, la particule *de*, dans ce cas, n'étant jamais employée et n'ayant, d'ailleurs, aucune raison d'être ; que M. Desrousseaux a dû reconnaître que, quelque soit le sens dans lequel on l'emploie, *séquoi* est réellement une contraction de la locution *je ne sais quoi*, *on ne sait quoi*, et qu'il faut nécessairement écrire : *un n' séquoi* et non *eun' séquoi*. Il convient cependant de remarquer que lorsque *séquoi* est précédé d'un adjectif, on ne fait jamais usage de la négation *ne* ou *n'*. C'est ainsi qu'on dira : *Un biau séquoi*, *un grand séquoi*, *un drôle de séquoi !* Mais on emploiera la négation chaque fois que ce mot sera suivi de l'adjectif : *Un n' séquoi d' biau*, *un n' séquoi d' grand*, *un n' séquoi d' drôle*.

A Douai et à Valenciennes, on dit *saquoi*.

SERRER, *v. a.* — Se dit pour fermer, clore. *Serrez la porte.*

« De ce mot vient *serrure*, *serrurier*. » (Pierre Legrand.)

Allons *serr'* tes yeux, dors min bonhomme,
J' vas dire eun' prière à p'tit Jésus,
Pour qu'i vienne ichi, piudant tin somme,
T' fair' rêver qu' j'ai mes mains plein's d'écus...

Desrousseaux.

(*L' Canchon dormoire.*)

SEU, *adj.* — Seul.

I est l' mait' quand i est tout *seu*.
I vaut mieux roter in société que d' morir tout *seu*.

(*Dictons.*)

SIÉGE (Avoir l'). — Maladie du *rectum*, particulière aux enfants.

SIELLOT, *s. m.* — Petit tabouret de bois. Il vieillit.

Eun' telle avec tros louches,
Un *siellot* pour s'assire,
Enn' tellette, un tamis...

Brûle-Maison.
(*Quatrième Recueil.*)

SIEU, *s. m.* — Suif. Ne se dit presque plus.

Par l'adveu de son frère
Dont cité devant Dieu
Mourut de mort amère
Tout soudain comme *sieu*.

Molinet, *cité par* Hécart.

SI FAIT. — Particule plus affirmative que *si*. (Voir *Nou-fait*.)

SIMPLOT, *adj.* — Simple, sans finesse; féminin, *simplotte*.

SIN, *adj. poss.* — Son. Voici les adjectifs possessifs :

Masculin.			Féminin.		
Min	—	Mon	*M'*	—	Ma
Tin	—	Ton	*T'*	—	Ta
Sin	—	Son	*S'*	—	Su
No	—	Notre	*No*	—	Notre
Vo	—	Votre	*Vo*	—	Votre
Leu	—	Leur	*Leu*	—	Leur

Pluriel des deux genres comme en français, sauf *leurs* qui fait *leus*.

REMARQUES :

1. Devant une voyelle ou une *h* muette, ***min, tin, sin***, perdent l'*i* que l'on remplace par une apostrophe; ***m'n homme, t'n ouvrache, s'n habit.***

2. Les première, deuxième et troisième personnes du féminin singulier prennent une *n* devant une voyelle ou une *h* muette : ***m'n imache, t'n étoile, s'n histoire.***

3. Au pluriel des deux genres on écrit, suivant les exigences de la mesure : ***mes infans, mes amis***, ou : ***m's infans, m's amis.***

NOTA. On dit : ***min père, min cousin, m' mère***, etc., lorsqu'on parle d'*eux* ; mais on dit : ***mon père, mon cousin, man mère, ma tante***, lorsqu'on s'adresse *à eux*.

Desrousseaux.

(*Notice sur l'orthographe du patois de Lille.*)

Ajoutons que les pronoms possessifs *le nôtre*, *la nôtre*, *le vôtre*, *la vôtre*, font : *l' nô*, *l' nôle*, *l' vô*, *l' vôle*.

SINTU, *p. p.* — Du verbe *sintir*.

SNACK (Avoir du), *loc.* — Avoir le *nez fin*, être rusé. En anglais *snatch*, finesse.

Mais chaq' fripier, chaq' fripière,
Jugeant qu'il avot du *snack*.

Desrousseaux.

(*Le Manoqueu.*)

SNU, *s. m.* — Tabac à priser; de l'allemand, *schnuf-taback*.

On sait qu' ch'est un métier perdu,
Je n' gagn' mie seul'mint pou min *snu* !

Desrousseaux.

(*Choisse et Thrinette.*)

SO. — Soif.

SOILLE. — Seigle, du roman *soile*.

Gris comme un pain de *soille*.

(*Dicton*).

Quoiqu'i n'avot point pus d' moustache,
Qu'un rémola, ni qu'un pain d' *soil*,
Dins l' régimint, par sin corache,
On l' l'appélot l' gaillard à poil.

Desrousseaux.

(*Histoire de P'tit-Price et de Marianne-Tambour.*)

SOLANT, *adj.* — Remuant, pétulant.

SOLEI, *s. m.* — Soleil.

L' *solei* luit pou tout l' monde.

(*Dicton.*)

Tout d'puis l' temps d' Mathieu-Salé
Sin parel n'a vu l'*solei*.

(*L' Marquis d' Bielle-Humeur*,
chanson de carnaval, 1861.)

SOMME, *s. f.* — Quantité plus ou moins importante de poissons que l'on vend au *Minck* à la criée. (Voir *Minck*.)

SORCHERON. — Diminutif de sorcier. Nous trouvons ce mot dans Brule-Maison.

Ch'est sans doute un *sorcheron* d'amour.

(*Plaintes amoureuses.*)

SORIGIÉ. *s. m.*—Souricière. Ne se dit presque plus ; on emploie généralement la périphrase : *attrape à soris*.

Ah! t'attrap' min cœur, Pironne,
Dins tin *sorigié*.

Brûle-Maison.

(*A Pironne.*)

SORIS, *s. f.* — Souris. *Sorex.*

SORLORER, *v. unip.* — On dit qu'une volaille, qu'un gigot, qu'une soupe, que le café *sorlore* lorsqu'après être cuit à point on ne le consomme pas immédiatement et qu'il se dessèche, se gâte, en restant dans le four ou sur le poêle.

SORLET, *s. m.* — Soulier.

Nous trouvons dans le *Glossaire* des œuvres de François RABELAIS : « *Sorleret, armure des pieds.* » On aura sans doute appelé ainsi toute espèce de chaussure, puis, par contraction, on aura dit *sorlet.*

Suivant une vieille coutume, qui se perd, comme tant d'autres, d'année en année, quelques savetiers, les lundis, parcourent encore notre ville pour acheter de vieilles chaussures et en criant : *Sorlets...... vieux !!* Cet usage a fourni à M. DESROUSSEAUX le sujet d'une de ses chansons les mieux réussies tant sous le rapport des paroles que de celui de la musique.

Miu brave homme avot des blouques
D'argint à ses deux *sorlets.*

Brûle-Maison.

(Le Tourquennois quia ouvert le ventre de son chat croyant y trouver la boucle de son soulier qu'il avait perdu.)

SOSSOT, *s. m.* — Diminutif de sot ; féminin *sossotte.*

SOT-BASILIC, *loc.* — Manière plaisante de traiter quelqu'un d'imbécile, de basile.

Eune aute invit' des luronnes
A boire eun' tass' de caf'tiau.

Bien intindu qu'on l'couronne
Avec eun' potée de schnick ;
Si s'n homm', veyant cha, bertonne,
On l' traite d' *sot-basilic.*

Desrousseaux.

(Le Mont-de-Piété.)

SOUCARD, *adj.* — Sournois ; féminin *soucarde.*

SOUFFLETTE, *s. f.* — Jouet, petit roseau creux dont les enfants se servent pour lancer des poids, des boules de papier, etc., en *soufflant.*

SOUGRUGEON, *s. m.* — Scourgeon, escourgeon, espèce d'orge hâtive ; sucrion.

SOULAS, *s. m.* — Soulagement, consolation, *solatium.*

« L'homme seul n'ha jamais tel *soulas*, qu'on void entre » gents mariés. »

Rabelais.

(Pantagruel, chap. IX.)

« On appelle encore *soulas* le cordon qui aide une per- » sonne infirme à se lever sur son lit. »

Pierre Legrand.

J'ai quelquefois entendu appelé également *soulas* la corde qui aide à descendre les marches d'escalier dans certaines maisons lilloises.

SOULOT, *adj.* — Qui se soûle par habitude ; féminin *soulotte.*

Sans égard pour le vin, ou plutôt pour la bière, le gamin lillois crie : *Eh soulot !* contre l'ivrogne qui chancelle et que sa mauvaise étoile conduit sur son chemin.

SOUPETTE, *s. f.* — Petit morceau de pain

trempé dans un potage, une sauce, dans le lait, etc.

« Diminutif de soupe. Espagnol *sopa.* » (Pierre LEGRAND. *Dictionnaire du Patois de Lille.*)

SOUPINTE, *s. f.* — Soupente. Chambre à l'entresol.

SOUTASSE, *s. f.*— Contraction de dessous-de-tasse ; soucoupe.

« Mot que je crois hybride, composé du latin » *sub*, sous, et de l'espagnol *taza*, tasse. » (HÉCART. *Dictionnaire rouchi-français.*)

SOUVENANCE, *s. f.* — Souvenir.

Sous ce titre : *Souvenances du temps passé*, M. DESROUSSEAUX nous donne depuis quelques années, dans *Mes Etrennes* (almanach chantant), des Ephémérides lilloises fort intéressantes.

SOUVERONNE, *s. f.* — « Avant-toit qui sur» plombe, *severonde* selon ROQUEFORT. » (Pierre LEGRAND.)

Ce mot est peu usité à Lille, se dit plus particulièrement dans les environs de Béthune.

SPÉGLAIRE, *s. m.* — Résine.

STAPPAERT. — Hospice fondé par Jean STAPPAERT, bourgeois de Lille et la célèbre Anthoinette BOURIGNON, surnommée la *Vierge lilloise.* (Voir la savante notice sur Anthoinette BOURIGNON, par M. Albert DUPUIS.)

SUAIRES (Rue des). — « Peut-être par corruption » de *sucurs*, en mémoire d'une terrible maladie, » la *suette*, qui exerça des ravages à Lille. — En » 1450, elle avait ce dernier nom. » (Victor DERODE. *Histoire de Lille*, premier volume.)

SUBITER (Faire), *loc.* — Tourmenter une personne, l'importuner, lui causer des tracasseries de toute nature et par suite la mettre dans un état de surexcitation.

SURIR, *v. n.* — Devenir *sûr;* se transformer en acide.

SURTE. — Féminin de *sûr.*

SUPPORTÉ, *adj.* — Un habit *supporté*, déjà porté, qui n'est pas neuf.

SUPPOSE. — Du verbe supposer, s'emploie sans le pronom *je* dans des phrases comme celles-ci :

> Va-t-in, va-t'in, te n'as point deux, *suppose?...*
>
> **Desrousseaux.**
>
> *(Souvenance du temps passé.)*

SURDEMANDER, *v. n.* — Surfaire, demander trop.

T

TABLETTE, *s. f.* — Petit carré de sucre gris avec lequel on boit le café.

> « On a beaucoup critiqué nos Lilloises sur leur goût im-
> » modéré du café. Je crois devoir dire en leur faveur qu'on
> » n'en a guère vu ruiner leurs maris avec ce goût-là, car
> » elles en font cinq ou six tasses avec une demi-once, et
> » elles partagent ladite *tablette* en quatre morceaux ! »
>
> **Desrousseaux.**
>
> *(Vocabulaire, 2e. vol., 1855.)*

Autrefois on disait *gimblette* au lieu de *tablette*. Figurément soufflet.

TAINNANT, *s. m.* — Tannant, ennuyeux, fatiguant, qui est à charge. Se dit principalement à un enfant lorsqu'il remue beaucoup.

TAION, *s. m.* TAIONNE, *f.* — Bisaïeul.

« Ch'est l' prémier féverier 1740 que l' joyeux faijeu
» d' canchons et d' pasquilles Brûle-Mason est mort, et
» qu'il a été intierré dins l' chim'tière d' l'églije Saint-
» Etienne, après qu'on l' l'a eu deschindu pa' l' ferniête de
» s' cambre, attindu qu' les émontés étott'nt trop étrots
» pour y faire passer sin luijeau (cercueil).

» Que l' bon Dieu l' béniche pou' l' plaisi qu'il a donné à
» nos *taïons*, nos grands-pères, nos pères et à nous. Nos
» infants s' débarboull'ront, à l'égard de ch' l'homme,
» comme ils l'intindront.

« In attindant, on li-a rindu justice, i n'y-a quequ'
» temps, in plachant sin portrait au Musée d' Lille. Si
» vous volez vir eune figure réjouie, allez-y! »

Desrousseaux.

(Souvenance du temps passé.)

TAHON. *s. m.* — Frélon, grosse mouche ressemblant à la guêpe ; taon.

Il y a à Lille plusieurs familles de ce nom.

TAHUTER, *v.* — Pleurer à sanglots.

J' *tahut'* comme un viau.

Desrousseaux.

(Souvenirs de Lille.)

TALOT.

On li fait d' l'houneur comme à *talot.*

(Dicton.)

« Autrefois, dit M. N. J. D. V., chaque paroisse à Lille
» avait son *talo*, qui rendait service à la sacristie ; il mar-
» chait à la tête de la procession, et avant la croix. »

Hécart.

Cet usage a, sans doute, donné lieu au dicton ci-dessus, mais, depuis qu'il a disparu, ce mot a une signification tout autre puisque l'on appelle *talot*, *talotte*, une personne qui s'habille sans soins, sans grâce.

TAMBOUR-MUSCAT, *s. m.* — Tambour de basque.

Eun' femm' ju' du *tambour-muscat*.

Desrousseaux.

(Violette, pasquille.)

TAQUE, *s. f.* — Tache, souillure.

TAQUE, *s. f.* — Tâche, ouvrage à faire dans un temps limité.

TARGER, *v.* — Pour tarder.

Ne se dit que dans les environs de Lille.

TARIACHE, *s. m.* — Moquerie.

TARIAR, *s. m.* — Moqueur, gouailleur.

Nous *tariars* que nous sommes.

Desrousseaux.

(Les attrappe'-à-balous.)

TARIER, *v. a.* — Moquer.

TARIN, *s. m.* — Verre de bière, de vin et plus particulièrement de liqueur.

Pour oblier ch' premier chagrin,
Chez l' marchand d' vin qui reste au coin,
Nous allons boire un p'tit *tarin*.

Desrousseaux.

(Voyage à Paris.)

Autrefois on désignait aussi sous le nom de *tarin* une certaine quantité de beurre.

« Le *tarin* payait six deniers de droits d'entrée en ville.... »

(Recueil de **Dainville** cité par Hécart.)

TARNIOLLE, *s. f.* — Soufflet,

TARTEINE, *s. f.* — Tranche de pain recouverte de beurre, de confiture, etc.

« Les gens polis disent *tartine*. Ce mot, qui manquait,
» commence à être en usage ; il est fort ancien dans notre
» patois...

» Le mot *tartène* s'emploie d'une manière absolue, et
» quand on demande *eune tartène* sans désignation, on
» donne une *tartine* de beurre. »

G.-A.-J. Hécart.

(Dictionnaire rouchi-français, 1834.)

Quand on a le *cantiau* et la première *tarteine* du pain, on dit qu'on a un mariage.

Suivant une ancienne croyance, lorsqu'on mange de suite deux *cantiaux* ou croutons, c'est un signe certain que l'on se querellera dans la journée.

Figurément *tarteine*, soufflet.

Si queq' fo un faux-craine
Parlot mal de s' dégaine
J' li donno' eun' *tarteine*
Qui n'in vaulot tros !

Desrousseaux.

(Souvenirs de Lille.)

TASCHE, *s. f.* — Sac à tabac, de l'allemand *tasche*, gibecière.

Ce mot se dit plus souvent au village qu'à la ville.

TASSE, *s. f.* — Poche, de l'allemand *tasche*.

« Tant qu'à mi, quand j'ai queq' sous dins m' *tasse*, un
» dragon, des qnecques et eun' porette, le Roi n'est pus
» min cousin !... »

Desrousseaux.

(Les deux Gamins.)

TASSER, *v. a.* — Tâter, toucher.

TASSIAU, *s. m.* — Tasseau, pièce quelconque, nais se dit plus particulièrement d'un morceau 'étoffe dont on se sert pour raccommoder un vêement. Ainsi arlequin est vêtu d'un costume à *assiaux.*

Introns-y. Veyons l' tapiss'rie :
I vous s'ra permis d'in douter,
Mais ch'est l'anciennu' guerr' d'Italie
Qu'on a prétindu r'présinter.
Ch'est sûr, car, malgré qu'on y colle,
A chaque usure, un p'tit *tassiau,*
On découvre su' l' pont d'Arcole
Bonaparte avec sin drapeau.

Desrousseaux.

(Le vieux Cabaret.)

TATOULE, *s. f.* — Volée de coups.

TAUDION, *s. m.* — Taudis.

Quoique s' fortune li permette
D'acater des biell's masons,
I reste au fond d'eun' courette
Et dins l' pus sâl' des *taudions....*

Desrousseaux.

(L'Avaricieux, Mes Etrennes, 1861.)

TAUR, *s. m.* — Taureau.

Il est fort comme un *taur.*

(Dicton.)

TEIGUER, *v. n.* — Laisser échapper de l'air du gosier par de petites explosions fréquentes ; parler lifficilement, avec hésitation. Se dit aussi des animaux dont la respiration éprouve de l'embarras.

TELLE, *s. f.* — Vase en terre cuite pour y déposer le lait. Il est plus large que profond.

Des *telles* et des *télots* ch'est l' ménage d'un sot.

(Dicton.)

TELLETTE, *s. f.* — Vase en terre cuite avec deux petites oreilles. On se sert de la *tellette* au village pour manger la soupe et boire du café. (Voir *Platellette*

L'aute jour Jacquelaine,
S'n homme allot intré,
A brûlé s' potraine
En volant muché
Vite s' *tellette*,
Sin chuque et coué.
J' t'ai vu, dit, bonne biette,
Te bos du café.

Brûle-Maison.

(Les Buveuses de café.)

TÉLOT, *s. m.* — Vase en terre cuite sans oreilles plus grand qu'une *tellette* et plus petit qu'une *telle*. On s'en sert au village pour manger le *lait-battu*.

TÈRE, *adj.* — Tendre en parlant des aliments.

Douchemint au burre, l' pain y est *tère*.

(Dicton.)

.... « L' salad' n'est point *tère*. »

Desrousseaux.

(L' Baptême du P'tit-Riquiqui.)

TERFOND, *s. m.* — Plus que le fond.

L' fin fond et l' *terfond* de ch' l'histoire.

Desrousseaux.

(P'tit-Price.)

Nous trouvons dans le livre de *Roisin* publié par M. Brun-Lavainne : « Tréfons, *fond de terre.* »

Exemple : « Le *trefons* est immeuble ; mais les maisons » sus étant sont réputées meubles. »

(*Glossaire.*)

TERLUIRE, *v.* — Reluire.

TERQUE, *s. m.* — Goudron.

TERQUER, *v.* — Goudronner.

TERTOUS, TERTOUSSES, *adj.* — Tous. On prononce *teurtous.*

« Par transposition de très-tous, composé de *tous* » et de la particule *très*, qui communique aux adjec- » tifs une valeur superlatif; il est dans Rabelais et » dans Montaigne. » (Pierre Legrand.)

C'est le mot *trétous* employé dans un grand nombre de provinces de France :

Ne sommes-nous pas cousins, cousines,
Ne sommes-nous pas cousins *trétous* ?
Embrassez-en une pour le tout :
Ne sommes-nous pas cousins, cousines,
Ne sommes-nous pas cousins *trétous* ?

(*Ronde.*)

TÊTE, *s. f.* — Têton.

Comme Notre-Dame de Planette
Ni panche ni *téte.*

(*Dicton.*)

Il arriv' queq' fos qu' je r'grette,
Quand j'intinds m's infants crier,
D' n'avoir poin' eun' petit' *téte*
A leu donner à chucher.

Desrousseaux.

(*L'homme marié*, 1er. vol.)

THÉRO. — Nom propre; Thérèse.

THIEULLE, *s. f.* — Tuile.

C'est ainsi que nous le trouvons écrit dans l manuscrits de la bibliothèque publique de Lille.

A la procession de Lille, 1562, les *couvreurs thieulles* marchaient après les *carliers* et les *capelier* et avaient : « La septième Sibille qui portait u » épée : *Sibilla Europea ;* la très-belle, âgée de » ans, a prédit comment l'humble Vierge pucell » avec son fils, fuiroit en Egypte. »

TIERRE, *s. m.* — Terre.

A quoi li sert d'et' si chiche?
I dot pourtant bien l' savoir :
Pour un mort, pauv' tout comm' riche,
Six pieds d' *tierr'*, ch'est tout s'n avoir.

Desrousseaux.

(*L'avaricieux.* Mes Étrennes, 1861

Dans certains cas on emploie *terre* comme e français, ainsi on ne dira pas : *I n'a point sin par sus l' tierre*, mais bien : *I n'a point sin parel sus l terre.* C'est une des bizarreries du langage qui nou occupe et qui se représente pour différents mots *bouche*, par exemple, que l'on prononce toujour *bouque*, fait *bouche* dans le dicton suivant :

Bouche qui rit n' blesse personne.

TIEUCHON, *s. m.* — Tesson, débris de vaisselle de poterie.

Dans les environs de Lille on dit *tinchon*, et à Valenciennes *tiéchon.*

TIMBLET, *s. m.* — Saut qui consiste à poser l

tête par terre et à se renverser les pieds en avant pour tomber à plat sur la partie postérieure.

I saute, i dans' comme un payasse;
I fait des *timblets*,
Et des badoulets....

Desrousseaux.
(*Manicour*, 2e. volume)

TIMPE. — De bon matin.

Envers Bruges s'en sont alant
Lendemain *tempre*....

(*Chron. du XIVe. siècle. — Trouv.* *d'***Arthur Dinaux.**

TIMPE ET TARD, *loc.* — Tôt et tard.

Elle a b'soin d'ouvrer *timpe et tard*,
Pour gangner eun' pair' de patards.

Brûle-Maison.
(*La demande en mariage.*)

TINDEU, *s. m.* — Oiseleur, qui *tind* des filets pour prendre des oiseaux.

Cacheux, pequeux, *tendeux*,
Tros métiers d' gueux.

(*Proverbe cité par* **Hécart.**)

TIRE (Avoir l' cœur qui), *loc.* — Eprouver des tiraillements lorsqu'on a faim.

On dit dans le même sens : *j'ai min cœur qui s'in va*.

TITIS, *s. m. pl.* — Poux. Mot enfantin.

TOILIÈRE, *s. f.* — Marchande qui vend des étoffes pour robes, bonnets, cols, manches, etc., à payer une certaine somme par semaine.

Aussi, les *toilières*,
Et les marchands d' draps,
Six s'main's tout intières
Sont à leu crojer les bras.

Desrousseaux.
(*A Saint-Médard.*)

TOMBAC, *s. m.* — « Ou *tombacle*, compositio
» de cuivre jaune et de zinc. » (Pierre LEGRAND).

Du temps où le commerce de dentelles était très répandu à Lille, les dentellières tenaient à honneu d'avoir de grosses épingles à tête de *tombac*.

TORCHE, *s. f.* — Botte de paille.

TORCHE (Faire bonne), *loc.* — Faire bonn chère, un bon repas.

......*Faite' eun' bonn' torche*
Allez, cha vous donn'ra de l' forche.

Desrousseaux.
(*Mariage de Violette*

TORSE, TORCHE. — Cierge pour les cérémo nies publiques. (*Roisin*, publié par BRUN-LAVAINNE.

TORTIN, *s. m.* — Objets faciles à plier, tortillé ensemble, comme du papier, un tissu quelconque de la paille, etc.

Pou n' point dépinser
D'argint, pour avoir des équettes,
I tach' d'attraper
Des *tortins* d' pall' su' des carettes.

Desrousseaux.
(*L' Nunu*, 3e. volume.)

TORTINNER, *v. a.* — Tortiller. On dit qu'un homme est *tortinné*, lorsqu'il a les jambes torses.

TORTINNER (Se), *v. pr.* — Marcher avec une certaine prétention, se dandiner.

TOT, *s. m.* — Toit. (Voir *Bleu-tot.*)

TOTO, *s. m.* — Gosier.

TOUBAC, *s. m.* — Tabac.

TOUBAQUEUX-SE, *subst.* — Qui travaille à la fabrication du tabac.

TOUBAQUIÈRE, *s. f.* — Boite ou sac servant à renfermer le tabac.

Pour la tabatière, on emploie communément la périphrase : *boîte à s'nu* ou *boîte à prisses*.

Ell' tient d'eun' main cheull' *toubaquière;*
Ell' met sin gros nez par-dessus;
Cha fait, qu'in se r'passant l'affaire,
I n'y a presque point d' grains d' perdus.

Desrousseaux.

(Une femme qui prisse.)

TOUDIS, *adv.* — Toujours.

Aussitôt elle vous crie :
Cha n' durera mi *toudis*.

Brûle-Maison.

(La Fille mécontente.)

TOUILLER, *v.* — Mêler, mettre en désordre.

« Le duc de Glocestre rendit grand peine à tout *touiller.* »

Froissart.

(Chroniques.)

L' lait-battu s'ra bon il est bien *touillé.*

(Dicton.)

TOUILLER. — S'emploie encore dans le sens de déraisonner.

TOUPET, *s. m.* — Tabac qui dépasse de la pipe.

TOUPIELLE, *s. f.* — Porte de fer d'un four à cuire le pain.

Il a clos l' *toupielle* du four.

Brûle-Maison.

TOUPYRIE, *s. f.* — Éblouissement, vertige.

TOURLOURETTE, *s. f.* — Nom que l'on donne à une jeune fille ou femme étourdie.

TOURNER, *v.* — Se dit en parlant des laitages lorsqu'ils se caillent, soit par l'effet d'une trop forte ébullition, soit par l'effet de la chaleur atmosphérique, soit enfin par son mélange avec un acide.

TOURNO, *s. m.* — Il y avait autrefois à Lille deux *tours* destinés à recevoir les enfants abandonnés par leurs parents aux soins des sœurs de charité; l'un à l'hospice Saint-Sauveur et l'autre à l'Hôpital-Général. Le peuple appela le *tour* : *Tourno.*

TOURTIAU, *s. m.* — Ce qui reste des graines oléagineuses lorsque l'huile en a été exprimée.

Le *tourtiau* se donne en nourriture aux bestiaux.

TOURTIAU (Avoir l'), *loc.*—Maladie particulière aux enfants, c'est ce qu'on appelle en français le carreau.

TOUTOULE, *s. f.* — Femme sans ordre, qui mêle tout. On dit aussi *touillon*, et bien que s'adressant à une femme, ce mot est du genre masculin.

TRAHOIRE, *s. f.* — Instrument de labourage, herse.

TRANÈNE, *s. f.* — Trèfle des prés.

TRANNER, *v. n.* — Trembler, être agité.

I *tranne* les guinguettes.

(*Dicton.*)

Quand j' m'ai mis tout près du piano,
Min cœur faijot l' bruit d'un martiau,
Min sang étot pus frod que d' l'iau,
J' *trannos* les guinguettes,
Tant qu' j'avos les v'nettes;
J'étos bien certain d' rester court,
Au premier couplet d' *Manicour!*

Desrousseaux.
(*Récit véridique de mon voyage à Arras.*)

TRANTRAN (Avoir l'), *loc.* — Avoir la manière de faire une chose.

On peut dir' qu'i connot l' *trantran.*

Desrousseaux.
(*Le Jour de l'an.*)

TRITRON, *s. m.* — Triton, par épenthèse. Il est probable qu'autrefois il y avait dans une de nos églises trois cloches formant entre elles un intervalle dissonnant composé de trois tons, qu'en terme de musique on appelle *triton*, puisque dans un vieux refrain que chantent encore nos enfants, on dit en parlant des cloches : *Allez tritron!....*

Si j'étos l' sonneu de l' paroisse,
Contint d' vir arriver ch' bon fieu,
Des *tritrons* j' f'ros sonner l' gross' voisse,
Cha n' peut point déplaire au bon Dieu!

Desrousseaux.
(*Violette*, chanson.)

TREUVER, *v.* — Trouver. Ne se dit presque plus, du bas latin *treuvare.*

Sans en chercher la preuve
Dans les citrouilles je la *treuve.*

La Fontaine.

TRIBOULER, *v. n.* — Ancien verbe français qui signifie tourmenter.

Dans les environs de Lille, les cabaretiers appellent *triboulette*, *s. f.*, un vase, une mesure dans lequel ils servent à boire. Une *triboulette* est ce que nous appelons *chope.*

TRIFOUILLER, *v.* — Chercher un objet parmi beaucoup d'autres en y mettant le désordre.

TRIMER, *v. n.* — Travailler avec ardeur.

TRIPE, *s. f.* — Etoffe de laine fabriquée en grande quantité à Lille par les bourgeteurs.

« Les *saïetteurs* et *bourgeteurs* formaient à Lille deux » corporations puissantes. Ils fabriquaient différentes sortes » d'étoffes faites en tout ou en partie avec de la laine. Le » nom des premiers vient de *saïette* (laine peignée); celui » des seconds vient de ce que les premiers ouvriers qui » apportèrent à Lille cette branche d'industrie étaient de » Bourges. »

Brun-Lavainne.

Nous trouvons dans Roisin, le *serment des esgars de la bourgeterie* (XXVI), il commence ainsi :

« Vous fianchez et jurez par les foy et serment de voz » corps, sur la damnation de vos ames et voz pars de paradis que vous ferrez l'esgard de toutes les *tripes....* »

« A Roubaix, la fête des fabricants s'appelle encore aujourd'hui la fête des *tripiers.* »

P. Legrand.

(*Dictionnaire du Patois de Lille*, 2e. édit.)

TRIPETTE, *s. f.* — Terme de dénigrement; presque rien.

> Pour ach'teur, me v'là forché d' dire qu'ell' vaut point *tripette*.
>
> **Desrousseaux.**
>
> (*Mes Étrennes*, 1860.)

Tripette se dit encore pour désigner la panse de veau découpée en lanières et accommodée à la sauce blanche.

TRIPOTTER, *v.* — On dit qu'une chose vous *tripotte* lorsqu'elle vous tracasse, vous ennuie, vous contrarie...

> Eun' séquoi qui m' *tripotte*,
> Ch'est qu' jamais, Brûl'-Mason
> N'a fait sur Jeann'-Maillotte
> Un p'tit couplet d' canchon.
>
> **Desrousseaux.**

TRIQUE, *s. f.* — Donner une *trique*, administrer une correction.

> Si vot cha, r'venant de s' boutique
> Angélique attrape eun' biell' *trique*....
>
> **Desrousseaux.**
>
> (*L' Nunu.*)

TRO, *s. m.* — Trou.

> Il a été au *tro* Saint-Patrice i n' rit pu.
>
> On n' te f'ra point un *tro* à t'panche.
>
> I bot comme un *tro*.
>
> (*Dictons.*)

TROELLE, *s. f.* — Truelle, instrument de maçon.

TROELLÉE, *s. f.* — Plein une *troelle*.

TROMPETTE DE DUCASSE, *s. f.* — Petite trompette, jouet d'enfant qui se vend ordinairement dans les foires.

TRONDELER, *v. n.*

> « Courir d'une manière un peu vagabonde, flâner; en-
> » voyer quelqu'un à l' *trondièle*, c'est lui faire faire une
> » course inutile, quelquefois désagréable. »
>
> **P. Legrand.**
>
> (*Dictionnaire du Patois de Lille*, 2e. édit.)

TROPIEDS, *s. m.* — Trépied, ustensile ayant trois pieds pour poser la cuve servant à lessiver le linge, etc.

TROUSPETTE, *s. f.* — N'a pas une signification bien arrêtée. On le dit d'une petite fille mutine, mais sans y attacher une intention méchante.

TRUC. — Manière, tour de main. D'un usage général.

TUNTUN, *s. m.* — Ce mot n'est employé que dans une seule phrase et sous forme de plaisanterie :

> — Quoiche que nous allons mainger pour dinner ?
> — Du *tuntun*.
> — Quoiche que ch'est du *tuntun* ?
> — Ch'est du b... démêlé avec des puns.

TURLUPA, *s. m.* — S'est dit longtemps pour tulipe. Il y avait autrefois au faubourg de la Madeleine (hameau du *Trou*), un champ dans lequel on ne cultivait que des tulipes. C'était alors la plus jolie promenade des environs de Lille. On l'appelait *l' camp d' turlupas*.

Il est assez étonnant que ce fait ne soit pas relaté dans les ouvrages des auteurs lillois, alors que

M. Hécart en a fait mention et qu'il est encore à la connaissance des Lillois âgés.

TURLUPA, *s. m.* — Organe de la génération chez la femme.

TURLUTUTU, *s. m.* — Mirliton. Onomatopée du chant que produit cet instrument.

TUTAR, *s.* — Qui *tute.*

Les gens de la campagne disent *tuchar*.

TUTER, *v. n.* — Faire avec les lèvres le mouvement d'un enfant qui prend le sein.

U

U, *prép.* — Ou.

U, *adv.* — Où. *Je n' sais point ù.*

UBERLU, *s. m.* — Hurluberlu, étourdi.

UCHE, *adv. de lieu.* — Où. *Uche qu'il est*, où est-il.

.... Un grand tonniau tout noir
Uch' qu'on débit' de l' braisette
Avec eun' pellette.

Desrousseaux.

(Mes Étrennes, 1861.)

URBANISTES (Rue des). — Ainsi nommée à cause d'un couvent de religieuses de ce nom qui y était établi. Le 12 août 1791, on en fit fermer l'église et les religieuses furent chassées le 14 septembre de l'année suivante.

Le 4 juillet 1804, le Gouvernement fit don au bataillon des Canonniers sédentaires Lillois, en récompense de leur admirable conduite au siége de Lille (1792), des bâtiments et jardins de ce couvent, qu'ils continuent d'occuper rue des *Canonniers*, autrefois des *Vieux-Hommes*.

URLION, *s. m.* — Hanneton. S'emploie plus particulièrement dans les environs de Valenciennes.

USANCE, *s. f.* — Usage, en parlant du plus ou moins de durée d'un objet quelconque : *Cheull' table a fait bonne u méchante usance.*

V — W

Ces lettres se substituent très-souvent au *g*, comme on l'a vu dans le cours de cet ouvrage. Ainsi *gâter*, *aiguille*, *anguille*, etc., font : *wâter*, *aiwille*, *anwille*....

Beaucoup de noms propres comme *Watebled*, *Watecamp*, *Watteau*, signifient *Gâte-bled*, *Gâte-champ*, *Gâte-eau*, etc.

VACLETTE, *s. f.* — Chaufferette. On l'appelle aussi *couvé*.

Eun' femm' ju' du tambour-muscat ;
Eune aute, qui tient dins s' main s' *vaclette*,
Dit che r'frain, qu'un chacun répète :
« Le v'là ! le v'là !
L' petit Violette,
L'amoureux d' Rosette !
Le v'là ! le v'là !! »

Desrousseaux.

(*Violette*, pasquille et chanson.)

VALIDIRE, *subst. des deux genres.* — Litt. *Va-lui-dire.* Au propre, valet, domestique.

S'emploie figurément sous forme de mépris, comme variante du dicton : *Mieux vaut avoir affaire à Dieu qu'à ses saints.* On dit :

I vaut mieux s'adresser au maitę qu'à ses *validire.*

VAQUE, *s. f.* — Vache, du latin *vacca.* Ce mot est dans RABELAIS.

VAROULER, *v.* — Aller et venir continuellement.

VAROULEU, *s. m.*—Qui *va*, *roule*, à droite, à gauche. Celui dont la profession n'est pas exercée à demeure fixe : le commissionnaire, les artistes forains, le marchand ambulant, le commis-voyageur, sont des *varouleux.* Il y a généralement dans les fabriques un individu chargé par ses camarades d'aller chercher des provisions pour le déjeûner et le *rechenner*, on l'appelle *varouleu.*

VENIR. — Pour devenir.

VERDI. — Contraction de vendredi. De nos jours, on dit plus souvent *vinderdi.*

Un jour on m' propose eune affaire
A qu'mincher l' *vinderdi.*

Desrousseaux.

(*Les vieilles Croyances.*)

VERDURIER, *s. m.* — Marchand de légumes ; féminin *verdurière.*

« *Verdurier*, pourvoyeur de légumes dans les maisons » royales. »

Boiste.

(*Dictionnaire universel.*)

VÈRIN, *s. m.* — Vis, écrou en fer. On appelle *clef à vérins*, l'outil servant à tourner ces objets.

Figurément, on dit d'un acrobate, d'un disloqué, surtout : *On jur'rot qu'il est fai à vérins.*

VERT-NEZ, *s. m.* — Pince sans rire.

VERVEREUX, *s. m.* — Verveu, filet à prendre du poisson. Il vieillit.

VIDERCOME, *s. m.* — Grand verre à boire. Ce mot vient de l'allemand.

VIER, *s. m.* — Ver.

VIÉREU, *adj.* — Qui a des vers.

VIÉREU-SE, *subst.* — Terme de mépris. *Ch'est un viéreu!* dit-on d'un individu malingre.

VIAU, *s. m.* — Veau.

Il est dins l' coin, d'ùche que l' *viau* est mort.

Il est bon comme un *viau*.

On li fera pù d'houneur qu'à un *viau*,
On l'intierra avé s' piau.

(*Dictons.*)

On appelle vulgairement : *Marqué à p'tit viau*, le marché à la viande de la place aux Bleuets :

On mettra s'n estatue
Sus l' *Marqué-à-p'tit-viau*.

Desrousseaux.

(*Jeanne-Maillotte*, 3e. volume.)

Les fripiers appellent encore *viau*, les objets dont ils ne peuvent se défaire chez eux et qu'ils remettent au bureau des ventes publiques.

VIEU-VARD, *s. m.* — Vieilles hardes. C'est une

transposition de l'*h* en *v*. Se dit pour désigner toute espèce d'objets hors d'usage. Ainsi, un fripier de notre ville a fait tout récemment placarder sur les murs une affiche où l'on peut lire ce qui suit : « Je » débarrasse les greniers de toutes les *agobiles* et » *vieux-vars*, aux prix les plus avantageux....! »

Il y a à Valenciennes une rue dite : de la *Viéwar*, où se tenait autrefois un grand nombre de fripiers.

« VIESWARE. — *Fripperie*.

(**Roisin**, *publié par M.* BRUN-LAVAINNE.)

VIEZ, *adj*. — Vieux. Ne se dit presque plus.

VIJIN, *s. m.* — Voisin, féminin *vijeine*.

Tons les *vijins*, réüs
D'intinde eun' coss' parelle.

Brûle-Maison.

(L'Orgue aux chats.)

Nous trouvons dans ROISIN :

« VINAGE. — *Voisinage*. »

(Glossaire.)

VIGNERON. — Au XVe siècle et même au XVIe, on cultivait encore la vigne dans nos contrées. Une cloche servait spécialement à rappeler les ouvriers qui travaillaient aux vignes dans les campagnes. On la nommait le *vigneron* et le peuple prononçait *l' veinn'ron*. Plus tard, lorsque la température ne permit plus de faire la vendange et que, par conséquent, le nom de cette cloche n'eut plus de signification usuelle, on la nomma *l' lainn'ron*. Ce dernier mot tire probablement son origine de ce que, à l'heure où cette cloche annonçait la retraite, on emmaillotait les enfants dans leur *lainn'ron* pour les mettre au lit.

Il est trop tard l' *veinn'ron* est sonné.

(Proverbe lillois.)

VINAIGRETTE, *s. f.* — C'est l'ancienne chaise à porteur à laquelle on a adapté des roues. On lui donna le nom dérisoire de *vinaigrette*, parce qu'elle ressemblait assez aux brouettes que traînaient alors les *vinaigriers*.

L'invention des *vinaigrettes* est attribuée à un certain abbé de Saint-Martin, très-connu à Caen sous le nom de *Malotru*.

Ce véhicule n'est plus guère en usage qu'à Lille, où, d'ailleurs, depuis nombre d'années déjà, il a perdu une grande partie de sa vogue. La mode des crinolines lui a donné le coup de grâce, si nous nous en rapportons au couplet suivant :

« A l'intintion d' tous ches biaux p'tits nounoux,
Les rich's mamzell's, qui nous restott'nt fidèles,
Souvint, sans r'proch', nous allîme', inter nous,
A Saint'-Cath'rin' brûler deux tros candelles.
Mais pour à ch't heure, hélas! il est trop tard,
Un chacun l' sait, pour les nouviell's toilettes,
Les crinoline' à fis d'acar,
Les gross's tournur', et tout l' bazar,
Faudrot grandir les *vinaigrettes*. »

Desrousseaux.

(Les Vinaigrettes.)

L'homme qui traîne la *vinaigrette* est appelé par le peuple, *queva quertien* (cheval chrétien.)

VINDAQUE, *s. m.* — Vindas, machine composée

d'un trueil sur lequel se roule une corde qui sert à monter et à descendre des objets pesants.

VINGT-HOMMES (Corporation des). — (Voir *Kraenc.*)

VINDUE, *s. f.* — Vente. *Aller à l' vindue*, se dit pour aller dans une vente publique.

VIR. — Voir.

> « *Veir* ou *vir*, contraction du latin *videre*, voir, se dit
> » encore dans nos contrées. »
>
> **Escallier.**
>
> *(Remarques sur le patois.)*

> Manicour est fort sur la danse.
> Ch'est plaisi de l' *vir*.
>
> **Desrousseaux.**
>
> (*Manicour*, 2e. vol.)

VOE. — Voie. *Il est toudi par camp et par voe*, dit-on d'une personne qui n'est pas stable.

VOLOIR. — Vouloir.

VOLONTAIRETTE, *subst. des deux genres.* — Volontaire, qui fait tout à sa volonté.

VIEUSERIES, *s. f.* — Vieilleries, objets hors d'usage.

> V'là min sujet: l' *Fiête de l' Brad'rie !*
> Ch' jour-là, Lill' n'est qu'un grand marqué,
> Car tous cheuss' qui ont des *vieus'ries*,
> S' dépêch't'nt à sin débarrasser.
>
> **Desrousseaux.**
>
> (*La Braderie.*)

VOLÉE, *s. f.* — Terme de natation, brasse.

WACQUA, *s. m.* — Matière fécale. Rarement employé.

Je ne cite ce mot que parce qu'il se trouve dans une chanson intitulée : *Le Trésor des Récollets*, (décembre 1807), par M. F. F.

D'vir que den ch' tonniau-là,
Y n'ia rien que du cron et du *wacqua*.

|| WAINER, *v.* — Miauler

L'un *waine* haut, et l'aut' *wain'* bas,
Un aut' *waine : ut la ! ut la !*

Brûle-Maison.

(L'Orgue aux chats.)

WARDER, *v.* — Garder, prendre soin, conserver. Du tudesque *wardan*.

Ce mot se trouve dans le *Glossaire de la langue romane*, par Roquefort, ainsi que la citation suivante :

« Hay ! cum plus saige sunt cil ki endroit d'ols mismes » *wardent* lor tressor, et qui à altruit n'il comendent » mies ! »

(Sermons de Saint Bernard, fol. 34.)

Tout ch' qui est bon à printe est bon à *warder*.

(Dicton.)

WARRAS, *s. m. pl.* — Paille de féverolles dont on fait usage pour allumer les foyers.

WASSINGUE, *subst.* — Grosse toile d'emballage servant à éponger l'eau et à essuyer les planchers, etc....

Ce mot, sans synonyme en français, vient du teuton-belge *wasschen*, laver.

WASSINGUER, *v.* — Faire usage de la *wassingue*.

WÉTIER, *v. a.* — Regarder, guetter. C'est encore, comme nous l'avons fait remarquer à la lettre *w*, une des transformations du *g* en *v* ou *w*.

WIDIER, *v.* — Vider, sortir, quitter, débarrasser, faire sortir.

WIO, *s. m.* — Cocu.

Si t'as brai pour ête *wio*
Te peux bien t' rapagé.

Brûle-Maison.

(Le saint homme de curé.)

I faut du mérite pour ête *wio*.

I vaut mieux ête *wio* qu'avule, on vot ses confrères.

(Dictons.)

Ne s'emploie presque plus à Lille, mais il a conservé toute sa signification à Tournai, où les habitants sont vulgairement désignés sous la dénomination générale des *wios d' Tournai.*

WIO, *s. m.* — Fleur de la Bardane.
Il y a à Douai la rue des Wios-Saint-Albin.

X — Y — Z

ZANZANTE. *n. pr.* — Contraction d'Alexandre.

ZÊGRE, *adj.* — Mince, qui annonce la misère, mesquin.

ZÉLEU, *s. m.* — Qui met du zèle à faire une chose quelconque.

ZIDORE. *n. pr.* — Isidore.

ZÊZÉ, *s. m.* — Synonyme de *nûnu.* (Voir ce mot.)

ZISTE et l' ZESTE (Entre l'), *loc.* — Ni bien ni mal.

> Et l'aut' li dit : « Nicol' quemint va-t-i ? »
> — Mais.... cha va intre l' *ziste et l' zeste..*
>
> **Desrousseaux.**
> (*La Braderie.*)

ZI. — Abréviation de *plaisi* (plaisir).

> Ah ! queu plaisi!
> Queu *zi !* queu *zi !!*
>
> **Desrousseaux.**
> *(Un Episode de la foire de Lille.)*

ZIZI. — Très-petite quantité. Un petit *zizi* de pain.

OMISSIONS.

ACAR (Fis d') — Fils d'archal.

Au figuré, jambes longues et grêles.

AFILÉ (D'), *loc.* — A la file, mais presqu'en même temps. Ainsi un pêcheur à la ligne dira : *J'ai pris dix percos d'afilé.*

APAS, *s. m.* — Marche d'escalier, degré, s'emploie plus particulièrement pour désigner les marches d'escaliers placées devant les maisons. On dit dans ce sens : se tenir sur *l'apas de l' porte*, pour : sur le seuil de la porte.

AROUTAGEUX. — On nommait autrefois *aroutageux*, des ouvriers orfèvres qui, étant trop âgés pour travailler en atelier, s'établissaient sur la grande et petite place. Là, ils raccommodaient des chaînes de montres, des bouts de cannes, etc. On voyait figurer sur leur établi, qui se trouvait dans leur *hayon*, des débouchoirs de pipes, des anciennes pièces de monnaies, des agrafes de cuivre en forme de cœur pour attacher les tabliers des ouvriers, etc... Ces objets s'appelaient *aroutage*.

On appelle actuellement *aroutageux*, les marchands de vieille ferraille et de bric-à-brac.

AVERLECQUE, *s. m.* — Desserte ; reste d'un plat. Ne se dit presque plus.

BAFFILOIRE, *s. f.* — Linge qui reçoit la bave des malades ou des enfants ; bavette.

BAVETTE, *s. f.* — Linge qu'on attache sur la poitrine des enfants pour recevoir la bave ; partie supérieure du tablier.

Un écourcheu à *bavette*
In toile bleuse et nette.

Desrousseaux.
(*L' Graissier.*)

BAVETTE (Tailler une), *loc.* — Faire une partie de langue, bavarder.

BIÊTE IMBLEMEUSE, *s. f.* — Bête vénimeuse, vipère. Se dit figurément d'une mauvaise langue.

BIQUET, *s. m.* — Fléau de balance.

BOURLOIRE, *s. m.* — Jeu de boule.

Il y a, à Lille, la cour des *Bourloires*.

BOURSELOT-TE, *subst.* — On appelle *bourselots* les enfants élevés dans un hospice, comme on dit *boursier* d'un lycéen qui a obtenu une *bourse* de la ville ou du département.

BROUÉ, *s. m.* — Lessive, eau de cendres. A cause de sa ressemblance avec le *brou* de noix.

BUCHET, *s. m.* — Rameau de buis.

CAÏF ! — Onomatopée du cri des chiens.

Nous étim's comme un jueu d' violon
Qui a perdu sin colophon :
Il a beau frotter su' l' gross' corde,
Ch'est comme rien, cha n' veut pus morde,
I n'in r'tir' qu'un son bien plaintif,
Comme un canich' qui crie *caïf !*

Desrousseaux.
(*Marie-Claire*, pasquille.)

CARIOTEU, *s. m.* — Boisselier. Il vieillit.

CATOIRE, *s. f.* — Ruche.

Il y a, à Lille, rue de Paris, 205, un épicier dont l'enseigne représente une ruche dorée, sous laquelle on lit ces mots : *A la Catoire-d'Or.*

CRISTÈRE, *s. m.* — Clystère, lavement.

COLOPHON, *s. m.* — Colophane.

Les antagonistes du patois diront probablement encore que ce mot est tout simplement une corruption de *colophane.* Cependant, si corruption il y a, elle doit être attribuée aux législateurs de la langue française puisque, comme le dit BESCHERELLE, cette résine était tirée d'une ville de l'Ionie, du nom de *Colophon.*

DÉCONTOUR, *s. m.* — Détour.

DURANCE, *s. f.* — Durée.

J' viens langreux tell'mint qu' j'ai du ma.
Mais ch' ma, si te l' veux, n'ara point d' *durance.*

Desrousseaux.

(*Min cousin Myrtil*, 3e. vol.)

ÉCRÉPER, *v.* — Ratisser. Se dit de certains légumes dont on détache l'écorce ou le duvet à l'aide d'un couteau ; *écréper* des carottes.

ÉPARDRE, *v. a.* — Épandre, semer, éparpiller.

EPINCHER, *v.* — Elaguer, ébrancher un arbre.

ESSEULÉ, *adj.* — Seul, isolé. On est *esseulé* dans l'état de veuvage.

ÉTINTE, *s. f.* — Étouffoir.

ÉTUVE, *s. f.* — Poële.

GAI, *s. m.* — Hareng qui n'a plus ni laite ni œufs ; on l'appelle plus souvent *puchelot*.

GALLE, *s. f.* — Callosité, petit calus.

HERBELETTES, *s. f. pl.* — Petites herbes.

HURTE, *s. f.* — Hure.

LURONNER, *v.* — Aller et venir autour d'une porte, d'une maison, soit qu'on ne trouve pas la serrure, soit qu'on attende quelqu'un qui est à l'intérieur ou qu'un motif quelconque empêche d'entrer hardiment.

Ce mot, dans le sens figuré, peut être traduit par cette locution d'un usage général : *tourner autour du pot*.

NIEPPE, *s. f.* — Nèfle.

NOUNOU.—Mot amical. *Queu biau p'tit nounou*, dit-on d'un bel enfant ou d'une jolie personne.

OHEIN ! — Exclamation. Onomatopée du cri des nouveau-nés ; vagissement.

Là-d'sus, l' petit gin
S' révelle et crie : *Ohein ! Ohein !!*

Desrousseaux.
(*L' baptême du P'tit-Riquiqui.*)

PROUSSE (Ête in), *loc.* — Être courroucé, de mauvaise humeur.

PROUSSE (Faire), *loc.* — Faire ribotte.

QUÉAU, *s. m.* — Rejeton d'une plante.

RETOUPER, *v.* — Combler, boucher.

UN DERNIER MOT.

GASCONNEU-SE, *subst.* — Nos ouvriers, voulant probablement se venger du mépris qu'on fait de leur langage, ont adopté ce mot pour ridiculiser les *beaux parleurs* qui, trouvant ses expressions grossières et de mauvais goût, les emploient, néanmoins, en les francisant. Ainsi les *gasconneux* et surtout les *gasconneuses* qui ont passé quelques jours à Paris, se garderaient bien de dire : *Un curo, un fraso, un débuquo, un varouleu, cacher-perdu, courtilleu, pain d' curiche, imblaver, ferloupe, patiau*, etc....; mais ils diront fort bien, en se pinçant les lèvres : *Un curoir, un frasoir, un débuquoir, un varouleur, chercher-perdu, courtilleur, pain d' curisse, emblaver, freloupe, pateau*, etc....

Ce mot me rappelle qu'un jour, un *gasconneu*, entendant quelqu'un appeler *toubaqueuse*, une ouvrière de la manufacture des tabacs, lui fit ainsi la leçon : *Ne dites donc pas* TOUBAQUEUSE, *c'est commun. En bon français, nous disons :* TABATIÈRE.

LILLE. IMP. A. BÉHAGUE,

EN VENTE

Chez M.r L. Quarré, Libraire, à [illegible]

DICTIONNAIRE DU PATOIS DE LIL[illegible]

Par M. Pierre LEGRAND.

Prix : 3 fr.

Et chez tous les Libraires :

CHANSONS ET PASQUILLES [illegible]

Par DESROUSSEAUX.

1er. volume, précédé d'une Notice sur le patois de [illegible]

2e. volume, suivi d'un Vocabulaire du patois de Lille et des Airs nouveaux de l'auteur (nouvelle édit.) [illegible]

3e. volume, avec 20 Vignettes et la Notation des Airs anciens et nouveaux (48), nouvelle édition avec Notes . . . . [illegible]

Du même auteur :

MES ÉTRENNES

ALMANACHS CHANTANTS AVEC LES AIRS NOTÉS.

Années 1859, 1860, 1861 (Prix de chaque Almanach.) [illegible]

MES CHANSONS

RECUEIL DE CHANSONS FRANÇAISES

Par Emile HORNEZ.

Prix : 50 c.

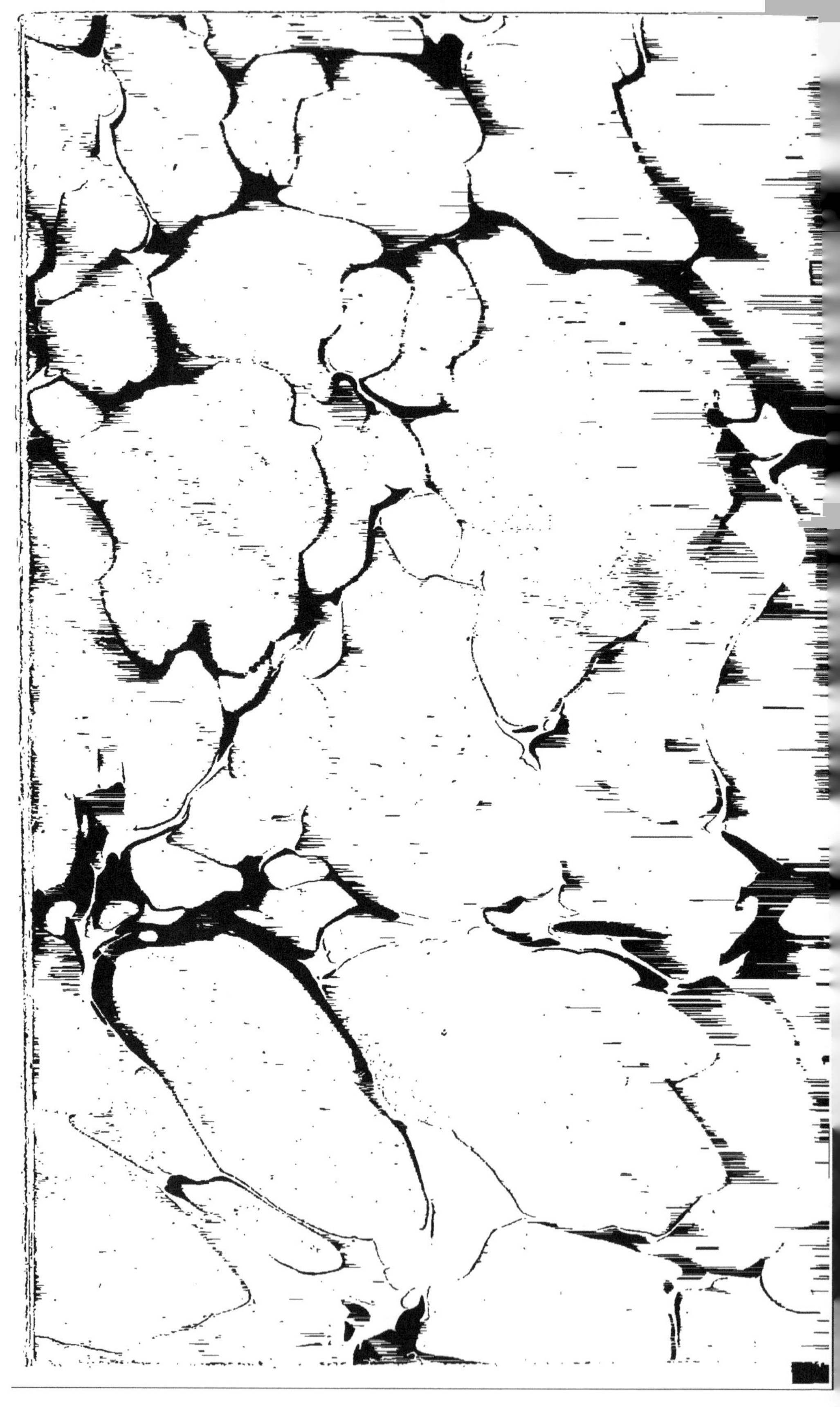

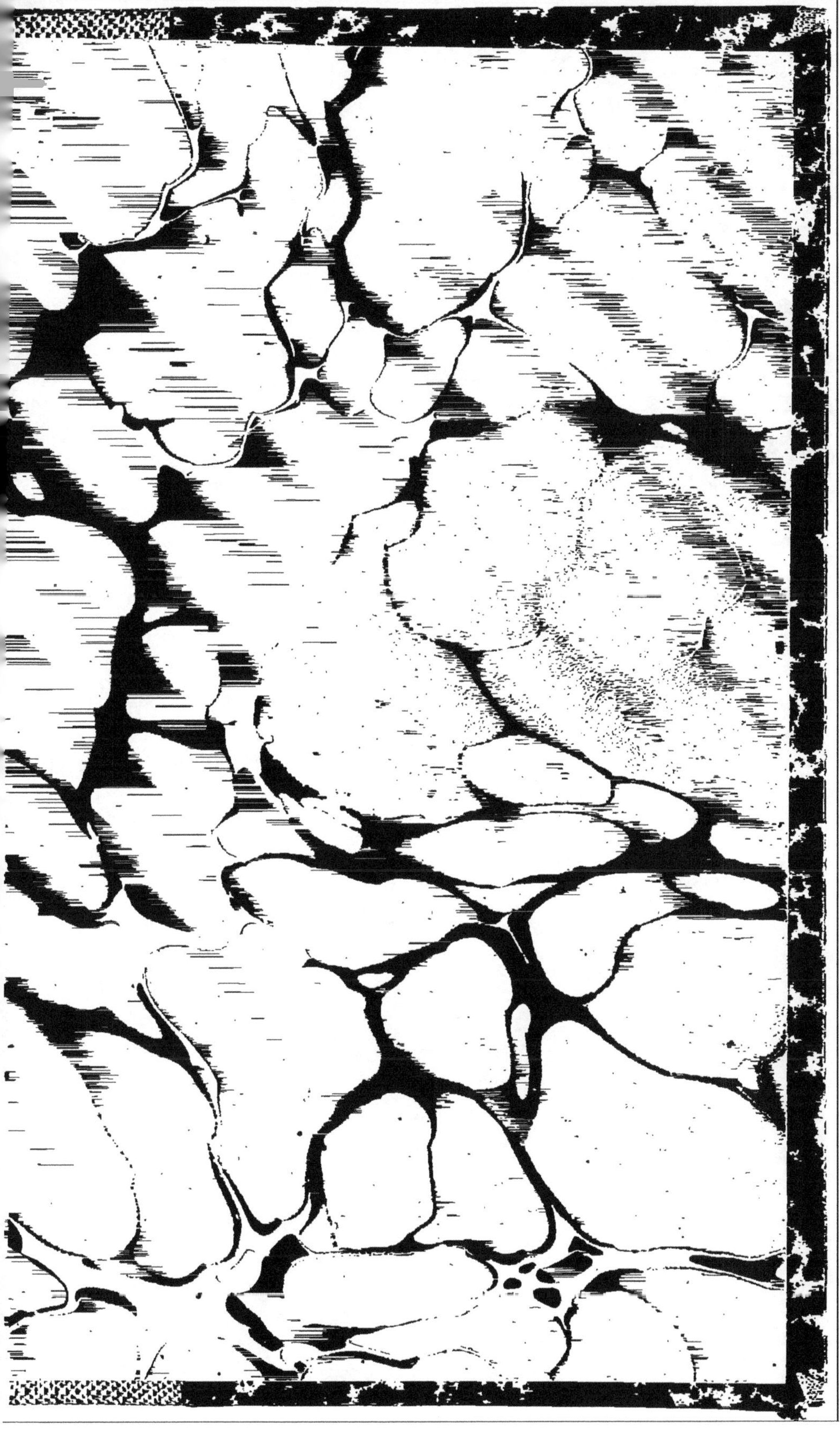

BIBLIOTHEQUE NATIONALE DE FRANCE
3 7502 01266021 5

www.ingramcontent.com/pod-product-compliance
Ingram Content Group UK Ltd.
Pitfield, Milton Keynes, MK11 3LW, UK
UKHW020210250726
13967UKWH00003B/1377